LES

VRAIS PRINCIPES

DE

L'ACCOMPAGNEMENT DU PLAIN-CHANT

SUR L'ORGUE

LE

PLAIN-CHANT

REVUE MENSUELLE

DE MUSIQUE SACRÉE ANCIENNE ET MODERNE

A L'USAGE

Des Conservatoires, des Séminaires, des Curés, des Maîtrises, des Chantres, des Orphéonistes, des Colléges, des Ecoles et des Institutions religieuses.

RECOMMANDÉ AU BIENVEILLANT PATRONAGE

DU CLERGÉ DE FRANCE

PRIX DE L'ABONNEMENT PAR AN, DE JANVIER 1860 :

FRANCE : Texte, Chant, Musique et orgue, 10 francs — Texte seul, 6 francs.
ÉTRANGER : Texte, Chant, Musique et orgue, 12 francs. — Texte seul, 8 francs.

La livraison de CHANT, MUSIQUE et ORGUE n'est envoyée qu'aux Abonnés.
Tout abonnement non accompagné d'un bon sur la poste sera considéré comme non avenu.
Les lettres et les paquets doivent être affranchis.

MUSIQUE TYPOGRAPHIQUE
DE TANTENSTEIN ET CORDEL,
8, rue Neuve des Poirées.

Imprimerie de BEAU, à Saint-Germain-en-Laye.

LES

VRAIS PRINCIPES

DE

L'ACCOMPAGNEMENT DU PLAIN-CHANT

SUR L'ORGUE

D'APRÈS LES MAITRES DES XVE ET XVIE SIÈCLES

A L'USAGE

DES CONSERVATOIRES DE MUSIQUE, DES SÉMINAIRES, DES MAITRISES
ET DES ÉCOLES NORMALES DE TOUS LES DIOCÈSES

PAR

THÉODORE NISARD

ANCIEN ORGANISTE ACCOMPAGNATEUR A PARIS
Ex-missionnaire scientifique du Gouvernement Français et lauréat de l'Institut impérial pour l'archéologie musicale
Transcripteur officiel de l'*Antiphonaire bilingue de Montpellier*
Fondateur et rédacteur en chef de la *Revue de Musique ancienne et moderne*
Auteur des *Études sur la restauration du Chant Grégorien au XIXe siècle*
Des *Études sur les anciennes notations musicales de l'Europe*
De *L'accompagnement du Plain-Chant sur l'orgue*
enseigné en quelques lignes de musique et sans le secours d'aucune notion d'harmonie
Éditeur du *Traité de Plain-Chant de Dom Jumilhac*, etc., etc.

« Il est plus facile d'inventer des
« règles nouvelles, que de connaître
« les anciennes et de les suivre. »

PARIS
E. REPOS, LIBRAIRE-ÉDITEUR
DE LIVRES LITURGIQUES ET DE CHANT ROMAIN
8, *RUE CASSETTE*
1860

TABLE DES MATIÈRES.

BUT DE CET OUVRAGE.

Il ne faut point chercher, dans cet ouvrage, les règles spéciales et complètes de l'accompagnement du plain-chant interprété par l'orgue seul. C'est un travail que nous exécuterons plus tard, si Dieu nous accorde le temps et la santé nécessaires. Toutefois, le présent volume ne sera point tout-à-fait inutile sous ce rapport. Les théories qui s'y trouvent développées, sont *la base* de la science qui apprend à traiter le plain-chant, sur un grand orgue, d'une manière *fleurie, canonique* et *fuguée*.

Ici, notre but est plus modeste : il s'agit du chant liturgique exécuté par les voix, et accompagné par un orgue de chœur, ou, au besoin, par un grand orgue. Dans cette hypothèse, l'accompagnement doit être aussi simple que possible, afin de ne pas dérouter les voix. Il faut que l'accompagnateur soutienne le chant, le laisse dominer et le mette toujours en relief. Il aura constamment soin de ne pas écraser la mélodie sous le poids d'une sonorité trop forte, — ce qui serait une preuve de mauvais goût. Enfin, il permettra aux fidèles d'entendre bien distinctement les paroles du texte liturgique, et aux chantres d'exécuter la cantilène sacrée avec la grâce et l'onction qui lui conviennent.

Quant aux accords qui doivent former l'accompagnement du chant, nous pouvons affirmer qu'ils seront graves, austères et purs, si l'on se pénètre bien des prescriptions contenues dans le présent volume. Ces prescriptions ont été puisées dans l'enseignement des maîtres du XVe, du XVIe et du XVIIe siècle, et l'harmonie, fondée sur la tonalité moderne, ne s'y glissera jamais, car, suivant nous, ce serait consacrer un déplorable abus qui n'a déjà que trop de partisans.

Les *Vrais principes* peuvent être considérés comme le complément théorique de notre opuscule sur l'accompagnement-routine, récemment publié par l'éditeur du nouveau Traité qui paraît aujourd'hui.

THÉODORE NISARD.

LIVRE PREMIER.

NOTIONS PRÉLIMINAIRES.

Les vrais principes de l'accompagnement du plain-chant reposent sur deux éléments fondamentaux.

Le premier, c'est la connaissance des diverses *gammes* ou *modes* du chant liturgique.

Le second, c'est la source où il faut puiser l'harmonie pour accompagner le chant d'une manière conforme à sa tonalité.

Et d'abord, bien que le plain-chant offre mille méthodes qui sont à la portée de tout le monde et à l'usage de tous les diocèses, il est convenable que nous donnions au moins à nos lecteurs l'exposé sommaire des gammes qui constituent l'essence du chant plane. On doit savoir le lire et en connaître le mode d'exécution d'après les coutumes locales. Les détails de toutes ces choses seraient ici superflus. Il en est de même de la transposition du plain-chant et de l'harmonisation qui doit être modifiée suivant cette transposition elle-même. Notre livre suppose un lecteur initié à la musique, à la transposition, au doigter de l'orgue, etc., etc.

Quant à la source où il faut puiser les vrais principes de l'accompagnement du plain-chant, il existe aujourd'hui, à cet égard, plusieurs doctrines plus ou moins acceptables.

Les unes s'appuient sur l'harmonie moderne, dont la tonalité est radicalement différente de celle de la mélodie liturgique. On y parle ingénûment d'accords de septième sur la dominante, de successions chromatiques, et de tout l'attirail que comporte notre système de musique actuelle.

Les autres, s'appuyant sur un art qui n'existe que dans leur imagination, enseignent des successions d'accords qui n'observent ni la théorie des anciens, ni la théorie des modernes. Il en résulte de prétendues harmonies dont les inventeurs préconisent la beauté, l'austérité, la forme solennelle, le caractère religieux; mais, vraiment, l'art sacré n'a que faire de pareilles fantaisies qui ne reposent sur rien.

L'art musical, n'ayant eu que deux tonalités en Europe, il faut naturellement prendre, dans chacune d'elles, les règles d'harmonisation qui conviennent aux chants qui appartiennent à ces tonalités. Or, les anciens ne connaissaient, avant la fin du XVIe siècle, que la tonalité du plain-chant; donc leurs règles d'harmonisation conviennent et doivent *seules* convenir à l'accompagnement du plain-chant.

C'est le principe que nous avons suivi dans cet ouvrage. Sans nous laisser impressionner par les tendances envahissantes de l'art actuel, ni par la prétention des fantaisistes soi-disant grégoriens, nous avons cru devoir suivre la trace des maîtres illustres qui ont écrit sur l'harmonisation du plain-chant, depuis l'année 1436, jusqu'à la fin du XVIe siècle, époque où la tonalité moderne a pris naissance.

Palestrina résume, dans ses œuvres immortelles, la perfection de l'harmonie grégorienne. L'harmonie fondée sur la tonalité moderne n'existait pas encore. Or, toutes les règles harmoniques qui sont concentrées dans l'école de Palestrina comme dans un centre lumineux, font partie de l'ancien contrepoint.

C'est donc de l'ancien contrepoint que nous traiterons exclusivement dans ce volume.

§ I.

DES MODES DU PLAIN-CHANT.

Il est d'autant plus nécessaire de connaître ces modes, qu'ils diffèrent davantage de ce que nous appelons ainsi dans notre musique moderne.

Comme nous ne faisons pas ici un traité de plain-chant, nous renverrons nos lecteurs aux méthodes particulières, nous bornant à dire que, dans la musique plane, on nomme *mode* la manière de former diatoniquement ses diverses gammes.

Les uns admettent huit gammes ou modes de plain-chant; d'autres, douze ou même quatorze.

Les voici : —

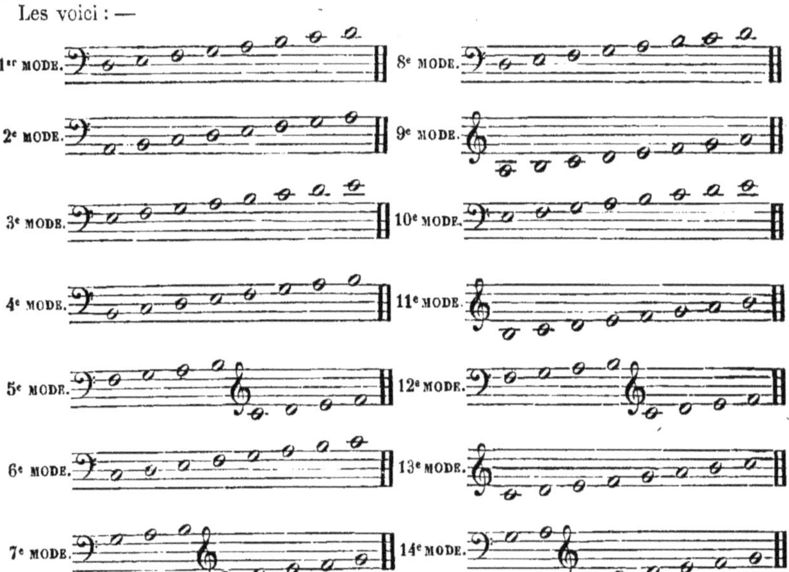

Les modes sont soigneusement indiqués dans toutes les éditions de livres de chant en usage dans les différents diocèses de la France. Si quelque faute pouvait s'y trouver çà et là dans la substitution d'un chiffre à un autre chiffre, par suite d'une faute typographique, nos lecteurs pourraient y remédier sans peine, en vérifiant la finale et la dominante du morceau dont le mode serait inexactement marqué.

Dans les éditions qui n'admettent que huit modes, on rencontre parfois des chants du premier mode en A, du deuxième en D, du deuxième en A, du quatrième en A, etc. Cela veut dire :

1° que ce premier mode en A est noté ou peut être noté suivant l'échelle du neuvième mode, en tout semblable au fond du premier mode ordinaire;

2° que ce deuxième mode en D est un deuxième mode ordinaire par opposition au deuxième en A ;

3° que ce deuxième mode en A est tout simplement un dixième mode, ou deuxième mode transposé une quinte plus haut et finissant en A ou *la;*

4° que ce quatrième mode en A est un quatrième mode ordinaire transposé une quarte plus bas, et finissant en A ou *la* au lieu de finir en *mi.*

Les lettres *a, b, c, d, e, f, g,* signifiant autrefois *la, si, ut, ré, mi, fa, sol,* on s'en sert généralement pour désigner les différentes terminaisons des psaumes et des cantiques dont le chant ne finit pas toujours par la tonique de leur mode. Il suffit de jeter un coup-d'œil sur la manière dont on indique les terminaisons psalmodiques dans chaque édition, pour en comprendre le mécanisme.

L'essentiel, pour nos lecteurs, est de connaître les sons qui entrent dans la formation de la gamme ou échelle de chaque mode liturgique, afin de les employer dans la formation des consonnances du contrepoint qu'on y adaptera; non pas que cet emploi soit rigoureusement exclusif, comme quelques auteurs exagérés l'ont prétendu de nos jours, car il admet des exceptions, ainsi que nous le ferons voir un peu plus loin, en traitant des cadences d'après les maîtres du XVe et du XVIe siècle. Lors donc que nous enseignerons d'une manière générale la formation et la succession des consonnances, on aura soin, sauf l'exception qui vient d'être signalée, de les former avec les seuls intervalles de la gamme du mode que l'on veut accompagner.

La finale des modes 1, 3, 5, 7, 9, 11 et 13 est la *première* note de leur gamme; celle des modes pairs, c'est-à-dire 2, 4, 6, 8, 10, 12 et 14, est toujours la *quatrième* note de leur échelle.

Outre la finale qui distingue les modes entre eux, il faut connaître leur dominante qui est le complément indispensable de cette distinction. Or, cette dominante n'est pas invariablement placée une quinte au-dessus de la finale ou tonique, comme dans la musique actuelle, ainsi que l'on en peut juger par le tableau suivant :

§ II.

DU CONTREPOINT EN GÉNÉRAL.

Depuis le berceau du catholicisme jusqu'au XIIIe siècle, les notes musicales ont été écrites avec des *lettres* ou avec des *points* et des *accents* diversement combinés et reliés entre eux.

Les lettres étaient surtout usitées dans l'enseignement; les points et les accents, au contraire, écriture beaucoup plus abréviative, comme le dit Gui d'Arezzo, s'employaient pour la copie des pièces musicales, soit profanes, soit liturgiques.

Lorsque l'harmonie eut pris rang dans la musique européenne, cette science, après avoir été désignée de diverses manières, reçut le nom définitif de *contrepoint*. Cette qualification était légitimée par la notation même du moyen âge. En effet, d'après cette notation, les notes formant harmonie entre elles offraient à l'œil *des points contre des points.*

Le mot *contrepoint* est resté dans le vocabulaire de la musique moderne, et la chose qu'il exprime est considérée, à juste titre, comme le fondement de la composition musicale.

Toutefois, il y a une remarque essentielle à faire au sujet de l'enseignement du contrepoint par les modernes. Ceux-ci, prenant les préceptes de l'art dans les ouvrages des anciens contrapuntistes, ont cru qu'il leur était permis de les adapter à la musique de nos jours. Ils ont oublié que la sévérite du contrepoint est un non-sens avec la tonalité actuelle; ils ont aussi oublié que le but unique du contrepoint étant l'harmonie consonnante qui convient au plain-chant, l'application qu'on en fait à l'art tel qu'il s'est modifié depuis la fin du XVIe siècle, n'offre qu'une étude sans objet, puisque la musique est aujourd'hui essentiellement dissonante.

C'est contre ces deux écueils qu'ont échoué, en général, tous les didacticiens actuels.

Nous espérons que la lecture de cet ouvrage établira les points suivants :

I. Le contrepoint est la plus parfaite étude de la bonne harmonie consonnante du moyen âge. Il est impossible d'écrire avec pureté, de réaliser une harmonie pleine et majestueuse, de faire mouvoir les diverses parties qui composent un tout harmonique avec grâce et avec élégance, si l'on ne s'est pas longtemps exercé à mettre en œuvre les ressources austères du contrepoint.

II. Loin d'être inutile comme application pratique, le contrepoint est indispensable à l'organiste, à l'artiste religieux et au maître de chapelle, car il apprend la seule harmonie qui ait un rapport intime et rationel avec le plain-chant.

III. C'est donc d'après le plain-chant, et non d'après la musique moderne, qu'il faut établir les règles du contrepoint et en montrer les corollaires d'application.

IV. L'alliance du contrepoint et du plain-chant doit se réaliser, non pas en prenant l'harmonie consonnante en usage avant l'année 1436, car, dit Tinctoris quarante ans plus tard, avant cette date elle n'offrait que d'informes rudiments. Nous croyons qu'il faut la puiser à pleines mains dans la grande école romaine du XVIe siècle, dont Palestrina est la glorieuse et immortelle personnification. Nous avons toujours soutenu cette doctrine. On nous en a critiqué; mais, depuis lors, nos adversaires eux-mêmes ont pris soin de nous justifier. Partisan du plain-chant romain *traditionnel,* il nous serait d'ailleurs impossible de prôner l'harmonie *archaïque* et rudimentaire. Ce serait un contresens manifeste. Laissons à d'autres la gloire de déchirer nos oreilles modernes par des utopies harmoniques, arbitraires, fantaisistes, et gardons pour nous le rôle modeste de faire revivre les bonnes traditions de l'art, en suivant pas à pas les chefs-d'œuvre que l'harmonie nous a laissés, avant de se transformer et de produire la tonalité moderne. C'est notre seule ambition!

§ III.

DIVISION DU CONTREPOINT.

Le contrepoint peut être considéré sous deux aspects : d'abord, par rapport à l'espèce; en second lieu, par rapport au nombre des parties.

Par rapport à l'espèce, le contrepoint peut être *simple* ou *fleuri*.

Il est *simple,* quand on accompagne chaque note du chant par un seul intervalle consonnant ou par un seul accord. Il n'est pas nécessaire que toutes les notes aient une valeur uniforme et une même mesure dans le contrepoint simple. Quant à la valeur des notes, elle peut être différente, pourvu que chaque note du chant ne porte qu'un seul intervalle ou un seul accord. Et pour ce qui est de la mesure, il n'importe pas au contrepoint simple qu'elle soit battue. Tinctoris, dans son ouvrage intitulé : *Liber de arte Contrapuncti* (Ms. de la bibliothèque du Conserv. de musique de Paris), Tinctoris dit positivement, que, de son temps (1477), on chantait en plusieurs églises le plain-chant *sans mesure,* pendant que d'érudits artistes l'accompagnaient d'une mélodie très-suave : « *In pluribus ecclesiis cantus planus absque mensura canitur, super quem suavis-* « *simus concentus ab eruditis efficitur. Et in hoc auris bona concinentibus necessaria* « *est, ut attentissime cursum tenoristarum animadvertant,* etc. (p. 87 *bis,* 2e colonne). » C'est ainsi que nous envisageons le contrepoint simple appliqué au plain-chant et réalisé par l'orgue.

Le contrepoint est *fleuri* ou *diminué,* lorsque chaque note du chant reçoit plus d'un intervalle consonnant ou plus d'un accord. On peut alors admettre deux, trois et même quatre consonnances ou accords pour chaque note du chant avec ou sans syncope, et le mélange de ces combinaisons diverses forme la plus grande richesse du contrepoint *fleuri.*

L'accompagnement, sur l'orgue, du plain-chant exécuté par la voix doit être excessivement sobre des ressources qu'offre le contrepoint *fleuri,* si l'on ne veut pas lui faire perdre le caractère de grave simplicité qui fait son plus bel ornement. Aussi, n'en parlerons-nous que d'une manière très-succincte.

Par rapport au nombre des parties, le contrepoint peut offrir une seule note d'accompagnement, comme il peut en réaliser simultanément deux, trois, quatre, et même davantage. Il nous suffira, pour atteindre notre but, de pousser l'étude de l'accompagnement du plain-chant jusqu'à la formation du *quatuor,* y compris le chant.

§ IV.

DES INTERVALLES SIMULTANÉS QUE L'ON PEUT EMPLOYER DANS LE CONTREPOINT.

On appelle *intervalle* la distance qui, musicalement, sépare un son d'un autre son.

Si cette distance est franchie d'une manière successive par la voix ou par un instrument, il en résulte un élément de mélodie.

Si les deux sons se réalisent simultanément, il en résulte un élément de contrepoint, ou, si l'on veut, d'harmonie.

C'est de cette dernière hypothèse qu'il s'agit ici d'une manière toute spéciale.

Or, les intervalles sont agréables ou désagréables à entendre dans leur simultanéité.

Les intervalles agréables se nomment *consonnances:* les autres, *dissonances.* Et parmi les intervalles agréables, les uns satisfont pleinement notre oreille européenne; les autres ne produisent pas un résultat tout à fait aussi satisfaisant. Les premiers ont nom : *consonnances parfaites ;* les deuxièmes : *consonnances imparfaites.*

On ne peut altérer les consonnances parfaites, sans les rendre *dissonantes;* mais les consonnances imparfaites ont deux mesures qui en règlent l'intervalle, ce qui fait qu'elles peuvent être *majeures* ou *mineures.*

Pour former les consonnances et les dissonances admises dans l'accompagnement du plain-chant, il faut employer les sons tels que les fixe chaque mode de ce chant. Les accidents de bémol, de dièse ou de bécarre qui peuvent les modifier légitimement dans la mélodie de chaque mode, doivent *seuls* les modifier dans l'harmonie ou parties ajoutées à cette mélodie, excepté dans les cadences où il faut, suivant l'enseignement unanime des anciens, employer certaines altérations exceptionnelles. Sauf ces exceptions, on évitera d'employer les consonnances qui ne seraient pas en rapport avec l'échelle du mode que l'on doit accompagner. Nous insistons sur ce point, parce qu'il est important.

I. — Les consonnances parfaites sont l'*unisson* qui, sans être un intervalle, est le principe de toutes les consonnances; la *quarte juste,* composée de deux tons et demi; la *quinte juste,* formée de trois tons et demi; l'*octave juste,* et les répliques à l'octave, à la double octave, etc., des intervalles qui viennent d'être indiqués.

La consonnance d'unisson s'indique par le chiffre 1, celle de quarte par un 4, celle de quinte par un 5, et celle d'octave par un 8.

La réplique de la quarte à une octave supérieure se nomme consonnance de onzième: on la marque par le chiffre 11; la réplique de la quinte à la double octave s'appelle consonnance de dix-huitième: le chiffre 18 sert à l'indiquer.

La réplique de la quinte peut être une douzième, une dix-neuvième, etc. On se sert alors du chiffre 12, 19, etc.

La réplique de l'octave peut être une double octave, une triple octave, etc. Comme on obtient alors soit un intervalle de quinzième, soit un intervalle de vingt-deuxième, on chiffre en conséquence.

Cependant il est facile de se tromper sur la vraie nature de la réplique des consonnances, et sur le chiffre qui lui convient ou sur l'interprétation même de ce chiffre; on fera donc bien de retenir le procédé qu'indique J.-J. Rousseau dans son *Dictionnaire de Musique.* Rien n'est plus simple, et, grâce à lui, toute erreur devient impossible. Voici les paroles de J.-J. Rousseau :— « Pour composer ou redoubler un des intervalles simples, il suffit d'y ajouter l'octave autant de fois que l'on veut, et pour avoir le nom de ce nouvel intervalle, il faut au nom de l'intervalle simple ajouter autant de fois sept qu'il contient d'octaves. Réciproquement, pour connaître le simple d'un intervalle redoublé dont on a le nom, il ne faut qu'en rejeter sept autant de fois qu'on le peut; le reste donnera le nom de l'intervalle simple qui l'a produit. Voulez-vous une quinte redoublée, c'est-à-dire, l'octave de la quinte ou la quinte de l'octave? à cinq ajoutez 7, vous aurez 12. La quinte redoublée est donc une douzième. Pour trouver le simple d'une douzième, rejetez 7 du nombre 12 autant de fois que vous le pourrez, le reste 5 vous indique une quinte. »

Cette méthode s'applique à tous les intervalles dont il nous reste à parler.

Les consonnances imparfaites sont la tierce et la sixte *majeures* ou *mineures* (marquées par un 3 ou par un 6, suivis d'un astérisque, lorsque les intervalles sont *mineures* [1]), et leurs répliques, savoir :

La dixième *majeure* ou *mineure* (10 ou 10*), réplique de la tierce à l'octave.

La dix-septième *majeure* ou *mineure* (17 ou 17*), réplique de la tierce à la double-octave.

La treizième *majeure* ou *mineure* (13 ou 13*), réplique de la sixte à l'octave.

La vingtième *majeure* ou *mineure* (20 ou 20*) réplique de la sixte à la double octave, etc.

La tierce *majeure* est formée par un intervalle de deux tons ; la *mineure* n'a qu'un ton et demi.

La sixte *majeure* est formée par un intervalle de quatre tons et demi ; la *mineure* n'a que trois tons et deux demi-tons.

II.—Dans le contrepoint rigoureux, on ne se sert que de quatre dissonances : la seconde *majeure* ou *mineure* (et leurs répliques, la 9e et la 16e) ; la septième *majeure* ou *mineure*, ainsi que leurs redoublements, la 14e et la 21e ; le triton ou quarte *majeure* et ses répliques ; la quinte *mineure*, ainsi que ses redoublements.

La seconde *majeure* (marquée par un 2) a un ton.

La seconde *mineure* (marquée par un 2 suivi d'un astérisque) n'a qu'un demi-ton.

La septième *majeure* (marquée par un 7) a cinq tons et demi.

La septième *mineure* (marquée par un 7 suivi d'un astérisque) a quatre tons et deux demi-tons.

Le triton (marqué par un 4 suivi d'une croix) a trois tons.

La quinte *mineure* (marquée par un 5 barré) a deux tons et deux demi-tons.

EXEMPLES :

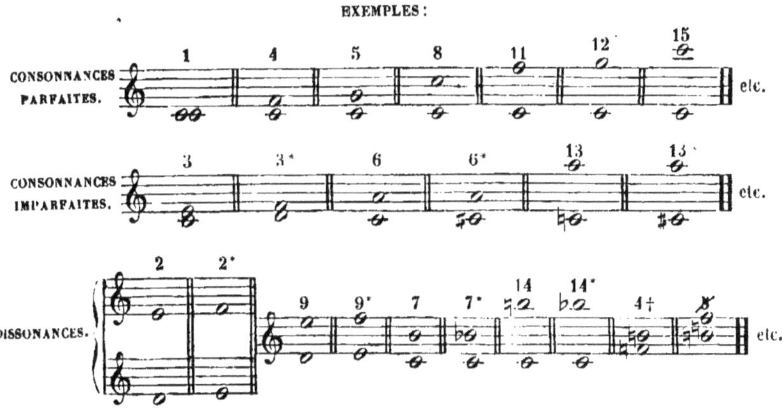

Tous les intervalles simultanés dont il vient d'être question, sont permis dans le contrepoint ; mais il y en a qui sont seuls admis dans tel ou tel genre de contrepoint, et d'autres qui ne sont employés que dans tel ou tel autre.

C'est ce que l'on va voir, avec tous les détails désirables.

(1) Nous empruntons à *La Voye Mignot*, célèbre auteur du milieu du XVIIe siècle, l'idée de l'addition d'un astérisque placé après le chiffre, en vue d'indiquer les intervalles *mineurs*, parce que cette idée nous paraît aussi simple qu'ingénieuse.

§ V.

DE LA MARCHE ET DU MOUVEMENT DES PARTIES DU CONTREPOINT.

Une partie de contrepoint quelconque, prise isolément, se meut de trois manières :—

Ou elle reste sur le même degré, soit en soutenant le même son, soit en l'articulant plusieurs fois de suite (A);

Ou elle monte par degrés conjoints ou disjoints (B);

Ou enfin elle descend par degrés disjoints ou conjoints (C):

Ces trois mouvements s'entremêlent dans le cours d'une seule et même partie, et contribuent à lui donner de la variété dans sa marche. Exemple :

En comparant, dans un contrepoint, le mouvement d'une partie avec celui d'une autre, on trouve que ces parties réalisent toujours entre elles un des trois mouvements suivants, savoir :

1° Ou le mouvement *semblable,* quand les deux parties ne montent ni ne descendent, ou qu'elles montent et descendent ensemble :

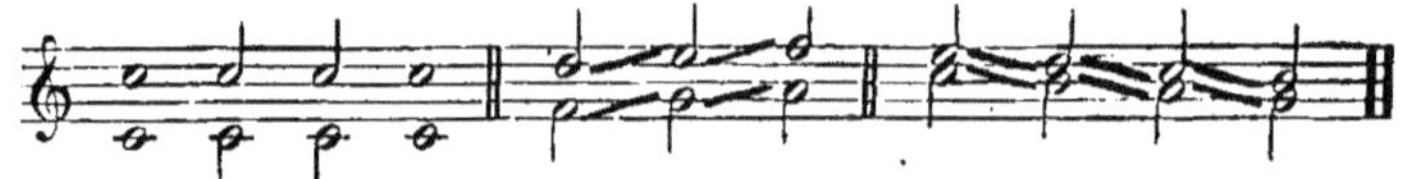

2° Ou le mouvement *contraire,* quand l'une monte pendant que l'autre descend, ou qu'elle descend pendant que l'autre monte.

3° Ou le mouvement *oblique,* quand l'une reste sur le même degré pendant que l'autre monte ou descend :

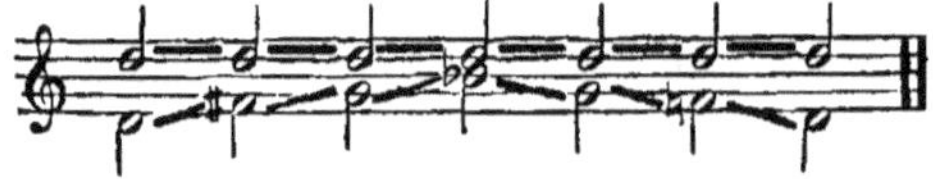

Si le contrepoint a plus de deux parties, on conçoit que l'une puisse faire en même temps *mouvement semblable* avec une seconde partie, *mouvement contraire* avec une troisième, et *mouvement oblique* avec une quatrième.

Le *mouvement semblable* offre des dangers dans son application, car on s'expose, en l'employant, à faire entendre immédiatement des *unissons,* des *quintes* et des *octaves* cachés par mouvement semblable : successions aussi rigoureusement défendues à deux parties que si elles étaient formulées franchement, c'est-à-dire, *réelles*.

Ainsi, les passages suivants contiennent de mauvaises successions *cachées :*

En réalité, et en restituant les notes sous-entendues, c'est comme s'il y avait :

Or, de pareilles successions ne produisent aucune harmonie, ni dans le mouvement qui est le même, ni dans les sons que la seconde partie reproduit purement et simplement. On peut s'en convaincre en remplissant, par des *points noirs,* les intervalles disjoints entre lesquels se trouvent cachés les unissons, les quintes et les octaves.

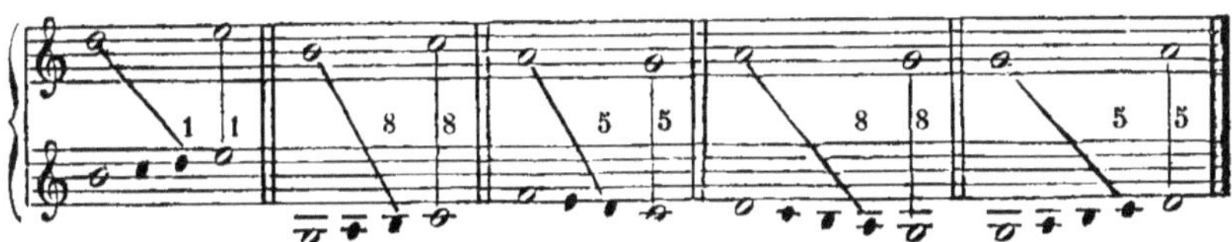

A deux parties, avons-nous dit, ces successions sont rigoureusement interdites, parce que la moindre absence du sentiment harmonique s'y fait sentir. A plusieurs parties, ces successions sont supportables, parce que d'autres sons en dissimulent la pauvreté, et qu'il n'est pas toujours possible alors d'observer les règles dans leur rigueur excessive.

Quelle que soit la marche des parties, et quel que soit leur nombre, évitez, dans le contrepoint appliqué au plain-chant, de faire entendre des successions mélodiques qui ne sont pas admises dans le chant sacré. Ainsi, chaque partie du contrepoint se gardera de réaliser des intervalles mélodiques de seconde *augmentée,* de triton, de sixte *majeure par degré disjoint,* de *sixte augmentée,* etc. On évitera aussi toute succession chromatique, comme, par exemple, d'*ut*♮ à *ut*♯, de *ré*♮ à *ré*♯, etc. Par conséquent, la partie suivante d'un contrepoint quelconque serait fautive :

La rigueur du contrepoint liturgique va plus loin encore : à l'exception de l'harmonisation exceptionnelle qui convient aux cadences, elle interdit sévèrement, sous l'épithète de *fausse relation,* l'emploi des intervalles dont nous venons de parler, non seulement dans les notes qui s'entendent ensemble et forment accord, mais aussi entre l'une des notes de l'accord que l'on quitte et l'une de celles de l'accord qui suit, ou *vice versa*. Exemple écrit sur trois portées, afin de rendre les fautes plus saisissables :

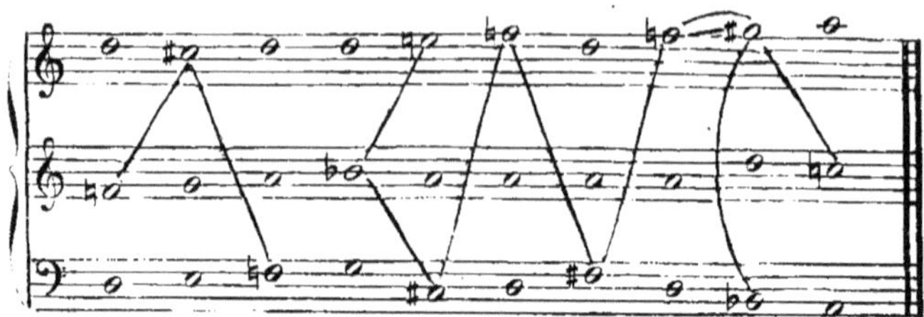

Un récent auteur qui a beaucoup emprunté à nos travaux précédents, mais qui a trouvé fort convenable de ne jamais nous citer (ce que beaucoup d'autres ont fait comme lui), étudie longuement la question spéciale de la fausse relation du *triton* ou de la *quarte augmentée* dans l'accompagnement du plain-chant. Nous ne pouvons dire qu'une chose : c'est que les fragments qu'il cite de Palestrina, d'Orlando di Lasso, de Moralès, de Willaert, etc., ne sont pas bien traduits, parce que les anciens n'indiquaient que les accidents exceptionnels, et que les éditeurs modernes n'ont tenu aucun compte des règles précises du vieux contrepoint. Si l'on avait bien connu ces règles, on aurait su que les anciens n'admettaient la relation du triton que dans les cas suivants :

CADENCES DU 3e ET DU 4e MODE A TROIS ET A QUATRE PARTIES.

§ VI.

DE LA SUCCESSION LÉGITIME DES CONSONNANCES DANS LE CONTREPOINT SIMPLE A DEUX PARTIES.

Dans ce qui va être dit, nous faisons abstraction de l'harmonisation de la première et des deux dernières notes de tout morceau de plain-chant.

Nous faisons également abstraction de l'accompagnement de certaines notes du chant qui précèdent, dans le texte latin, une ponctuation nécessitant un repos très-sensible.

Il en sera de même dans les paragraphes suivants où nous donnerons les règles qui concernent la succession des consonnances et l'emploi des dissonances dans les diverses espèces de contrepoint applicable au plain-chant ; un paragraphe spécial comblera la lacune dont nous prévenons les lecteurs.

Dans le contrepoint simple à deux parties, le plain-chant peut être placé à la partie supérieure ou à la partie inférieure, selon la convenance.

Le plain-chant compte pour une partie, et il ne s'agit que d'en créer une seconde, soit au-dessus, soit au-dessous, pour obtenir le duo.

Chacune des notes ajoutées au-dessus ou au-dessous des notes du plain-chant doivent former entre elles un intervalle d'unisson, ou de tierce soit majeure, soit mineure, ou de quinte juste, ou de sixte soit majeure, soit mineure, ou d'octave, ou d'une réplique de l'un de ces intervalles. Le contrepoint simple à deux parties n'admet pas, en général, d'autres éléments d'accompagnement, et c'est ce qui en constitue la difficulté qui est plus grande qu'on ne pense.

Nous devons prévenir que l'emploi de l'unisson et de l'octave doit être aussi restreint que possible, et que celui de leurs répliques ne doit pas être moins restreint, car, dans l'espèce de contrepoint dont il est ici question, plus les parties du duo sont éloignées les unes des autres, plus l'harmonie qui en résulte est pauvre.

Dans le contrepoint simple à deux parties, on ne peut donc guère user que des consonnances parfaites d'unisson, de quinte et d'octave, et des consonnances imparfaites de tierce et de sixte.

Maintenant, l'important est de savoir : 1° comment, après une consonnance parfaite, on peut faire entendre immédiatement après une autre consonnance parfaite ; 2° comment on peut passer d'une consonnance imparfaite à une consonnance parfaite ; 3° comment on va, au contraire, d'une consonnance parfaite à une imparfaite ; et 4° enfin, de quelle manière on procède, lorsque l'on place une consonnance imparfaite après une consonnance imparfaite.

I. D'UNE CONSONNANCE PARFAITE A UNE AUTRE CONSONNANCE PARFAITE.

1° Deux unissons différents ne peuvent se suivre immédiatement. Il en est de même de deux ou plusieurs octaves, de deux ou plusieurs quintes. Exemples :

2° L'unisson peut précéder la quinte, mais à la condition qu'on emploiera le mouvement contraire ou oblique. Quand on emploie le mouvement contraire, l'une des deux parties doit se mouvoir par degré conjoint. Exemples :

1 5 1 5 1 5 1 5

3° L'unisson peut suivre la quinte par mouvement contraire et degré conjoint réalisé par l'une des deux parties, ou bien par mouvement oblique. Exemples :

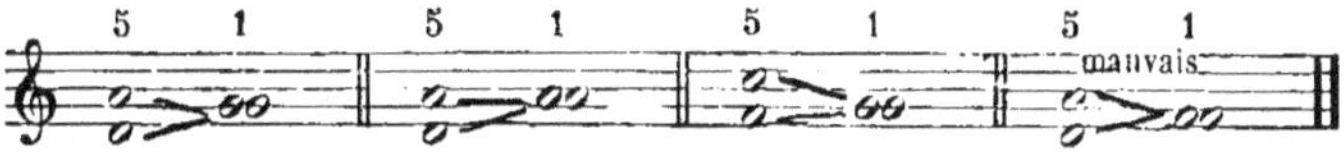

5 1 5 1 5 1 5 1 mauvais

4° L'unisson avant ou après l'octave est permis, par mouvement oblique ; mais il faut éviter cette succession dans le contrepoint à deux parties. Exemples :

5° On peut aller de l'octave à la quinte et de la quinte à l'octave par les mouvements contraire ou oblique; mais quand on emploie le mouvement contraire, il faut que l'une des deux parties monte ou descende par degré conjoint. Exemples :

6° Même par mouvement contraire, il est défendu de faire entendre successivement une douzième et une quinte, ou *vice versa,* quand on n'écrit pas à plus de trois parties. Exemples : ·

Cependant, Fux enseigne que cela est *toléré* à deux parties.

II. D'UNE CONSONNANCE IMPARFAITE A UNE CONSONNANCE PARFAITE.

La tierce peut précéder l'unisson, la quinte ou l'octave; et la sixte peut être suivie de la quinte ou de l'octave.

1° La tierce mineure peut aller à l'unisson par le mouvement contraire ou oblique. Exemples :

2° La tierce, avons-nous dit, peut encore être suivie de la quinte, d'abord par mouvement contraire; dans ce cas, la tierce doit être *mineure* pour éviter une fausse relation de triton. On peut aussi procéder de la tierce à la quinte par mouvement oblique, et alors la tierce sera *majeure* ou *mineure*. Exemples :

3° La tierce peut précéder immédiatement l'octave par mouvement contraire; la tierce, alors, peut être *majeure* ou *mineure,* mais la *majeure* produit un plus excellent effet. Il est formellement prescrit que l'une des deux parties doit procéder par degré conjoint, et l'autre, par intervalle disjoint de quinte juste. Exemples :

4° Il est défendu, dit Fux, d'aller de la sixte à l'unisson par mouvement contraire.

5° La sixte peut être suivie de la quinte, mais seulement par mouvement oblique; il faut alors que la sixte soit *mineure*. Exemples :

Cependant, quelques auteurs anciens autorisent ici la sixte *majeure* « par licence *poétique* » ; c'est l'expression de Berardi de Sainte-Agathe.

6° Après la sixte on peut aussi faire immédiatement entendre une octave par mouvement contraire ou oblique, et, dans les deux cas, la sixte doit être *majeure*. Exemples :

Cependant, quelques anciens auteurs, et notamment Berardi de Sainte-Agathe (*Miscellanea musicale*, Bologne, 1689, in-4°, 2e partie), enseignent qu'il est défendu d'aller de la sixte à l'octave par mouvement oblique.

7° La dixième ou réplique de la tierce peut être suivie de la quinte par mouvement contraire; cette dixième sera *majeure* ou *mineure*, et l'on ne s'inquiétera pas si l'une des deux parties ne procède point alors par degré conjoint, pourvu que l'on évite toute fausse relation. Exemples :

III. D'UNE CONSONNANCE PARFAITE A UNE CONSONNANCE IMPARFAITE.

1° L'unisson peut précéder la tierce *majeure* ou *mineure*, soit par mouvement contraire, soit par mouvement semblable. Exemples :

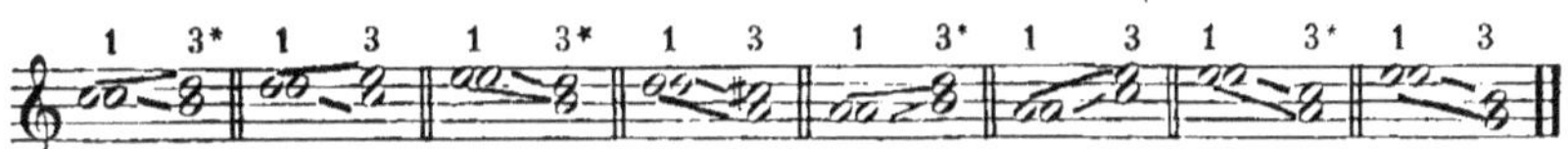

2° L'unisson ne doit jamais précéder la sixte *majeure;* mais la sixte *mineure* est alors supportable :

3° Après la quinte, on peut mettre la tierce *majeure* ou *mineure* par mouvement semblable et l'une des deux parties procédant par degré conjoint, et, par mouvement contraire, la tierce *mineure* seulement. Cependant, dans ce dernier cas, la tierce peut être *majeure*, si elle est immédiatement suivie elle-même, soit d'une sixte *mineure* ou d'une octave par mouvement contraire, soit d'une tierce *mineure* par mouvement semblable et degré conjoint. Exemples :

La quinte peut aussi être suivie, par mouvement contraire, d'une dixième (réplique de la tierce) *majeure* ou *mineure*. Exemples :

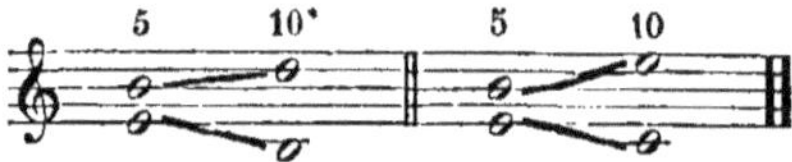

4° La quinte peut être suivie d'une sixte *majeure* ou *mineure* par mouvement oblique, ou d'une sixte *mineure* seulement, par mouvement semblable et l'une des parties procédant par degré conjoint; toutefois, dans ce dernier cas, la sixte peut être *majeure*, si elle est elle-même immédiatement suivie soit d'une sixte *mineure* par mouvement semblable, soit d'une octave ou d'une dixième *mineure* par mouvement contraire. Exemples :

La douzième (réplique de la quinte) peut être suivie d'une sixte *majeure* ou *mineure* par mouvement contraire. Exemples :

5° L'octave peut être suivie soit d'une tierce, soit d'une sixte, soit d'une dixième, soit d'une treizième, par mouvement contraire ou semblable. Cette tierce, cette sixte, cette dixième et cette treizième peuvent être *majeures* ou *mineures*. Exemples :

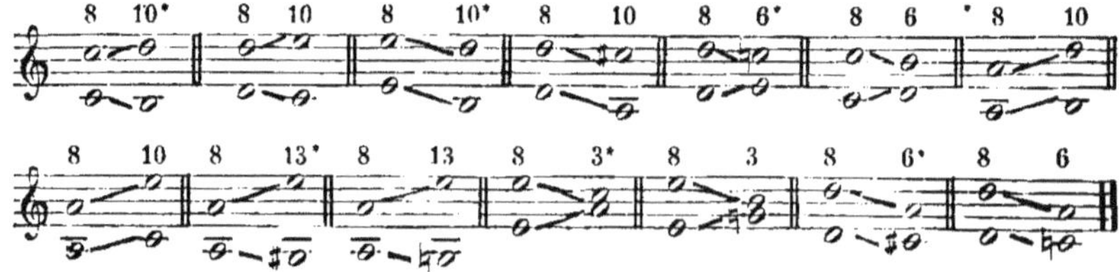

IV. D'UNE CONSONNANCE IMPARFAITE A UNE AUTRE IMPARFAITE.

1° On peut faire plusieurs tierces différentes de suite par mouvements semblables et degrés coinjoints. Dans ce cas, deux tierces *mineures* successives sont tolérées, quand l'une des deux peut être légitimement *mineure* par accident de bémol, de bécarre ou de dièse; mais, quoi qu'en dise Nivers dans la préface de son petit *Traité de la Com-*

position musicale (Paris, in 8°, 1712), deux tierces *majeures* de suite ne sont permises que dans les cadences, à cause de la fausse relation qu'elles offrent. En général, quand on emploie successivement plusieurs tierces différentes, il faut avoir soin de les entremêler, c'est-à-dire, de mettre une tierce *majeure* après une tierce *mineure* ou *vice versa*. Exemples :

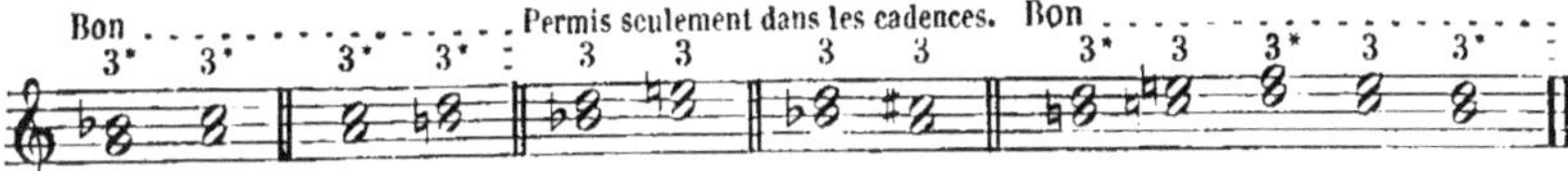

2° On peut faire plusieurs sixtes différentes par mouvements semblables et degrés conjoints. Dans ce cas, deux tierces *majeures* successives sont tolérés; mais deux sixtes *mineures* ne sont permises que dans les cadences, à cause de la fausse relation qu'elles réalisent. Quand on emploie plusieurs sixtes différentes de suite, il faut mettre une sixte *majeure* avant une *mineure*, ou *vice versa*. Exemples :

Bon 6 6 6 6 — Permis seulement dans les cadences. 6* 6 — Bon 6 6* 6 6* 6

3° La tierce doit être *mineure* avant ou après une sixte *majeure*, et *majeure* avant ou après une sixte *mineure*, quand on emploie le mouvement contraire. Exemples :

3* 6 3* — 3 6* 3 — 3 6* 3 — 3 6* 3

4° La tierce doit être *majeure* avant ou après une sixte *majeure*, et *mineure*, avant ou après une sixte *mineure*, quand on emploie le mouvement oblique :

5° La tierce *majeure* ou *mineure* peut précéder et suivre la sixte *majeure* par mouvement semblable, l'une des deux parties montant ou descendant par degré conjoint de ton ou demi-ton. Si la partie qui se meut par degré conjoint, monte ou descend d'un ton, la tierce devra être *majeure* ; si elle monte ou descend d'un demi-ton, la tierce devra être *mineure*. Exemples :

6° La dixième *majeure* ou *mineure* doit précéder ou suivre la sixte *majeure* ou *mineure* par mouvement contraire, l'une des deux parties procédant par degré conjoint :

RÉSUMÉ DES RÈGLES PRÉCÉDENTES.

Les didacticiens modernes ont condensé de la manière suivante toutes les règles qui précèdent :

1° On va d'une consonnance parfaite à une autre consonnance parfaite par mouvement contraire ou oblique.

2° On va d'une consonnance imparfaite à une consonnance parfaite, également par mouvement contraire ou oblique.

3° On va d'une consonnance parfaite à une consonnance imparfaite par les trois mouvements.

4° On va d'une consonnance imparfaite à une autre consonnance imparfaite, également par les trois mouvements.

On pourrait simplifier encore et dire :

1° Quand *on aborde une consonnance parfaite*, il faut toujours employer le mouvement contraire ou oblique, quelle que soit la consonnance qui précède.

2° Dans tous les autres cas, les trois mouvements sont permis.

Ces deux règles si précises seront complètes si l'on tient compte des quatre prescriptions suivantes, fort faciles à retenir. A deux parties, on ne doit jamais les oublier ; à plus de deux parties, elles perdent de leur rigueur, comme on le fera voir avec détails dans les paragraphes suivants.

Première prescription. — Il faut toujours vérifier si les successions de consonnances ne *cachent* point des intervalles d'unisson, de quarte, de quinte ou d'octave se suivant par mouvement semblable.

Deuxième prescription.— Il faut soigneusement éviter toute fausse relation, soit directe, soit indirecte. La fausse relation n'est permise que dans les cadences; elle est même alors absolument nécessaire.

Troisième prescription.— Quand on emploie le mouvement contraire, l'une des deux parties doit procéder par degré conjoint, à moins qu'il ne s'agisse du passage de la dixième à la quinte, de la douzième à la sixte, ou de la douzième à la quinte, et *vice versa*.

Quatrième prescription.— On se gardera de faire entendre deux consonnances parfaites de même espéce, même par mouvement contraire ou oblique.

Voilà, en une quinzaine de lignes, la synthèse de l'enseignement si complexe des anciens sur l'enchaînement rigoureusement légitime des consonnances parfaites et imparfaites.

§ VII.

DE LA SUCCESSION LÉGITIME DES CONSONNANCES DANS LE CONTREPOINT SIMPLE A TROIS ET A QUATRE PARTIES.

1° Il est permis de faire entendre l'unisson après l'octave et l'octave après l'unisson par mouvement oblique :

2° Il est permis d'aller de la tierce majeure à l'unisson ou d'une dixième à l'octave par mouvement semblable, pourvu que la partie inférieure *monte* à l'unisson par degré disjoint de quarte *juste*. Exemples :

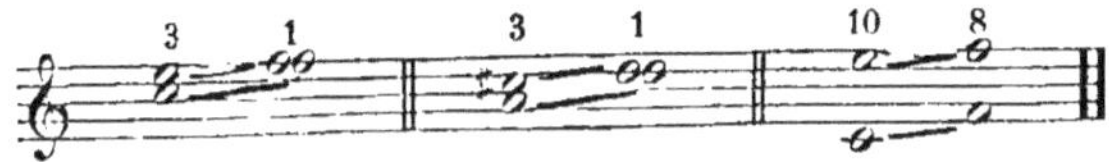

3° On peut aller, *en descendant*, d'une tierce *mineure* à la quinte par mouvement semblable, pourvu que la partie inférieure fasse un saut de quinte :

8° On permet d'aller, *en montant*, de la tierce *majeure*, ou mieux, de la tierce *mineure* à la quinte par mouvement semblable, pourvu que la partie inférieure ne franchisse qu'un intervalle de seconde :

5° On permet encore d'aller, *en descendant*, d'une tierce *majeure*, ou mieux, d'une tierce *mineure* à la quinte par mouvement semblable, quand la partie inférieure fait un saut de quarte juste. Exemples :

6° On peut passer de la sixte à la quinte par mouvement semblable, quand la partie supérieure *monte* d'une seconde majeure :

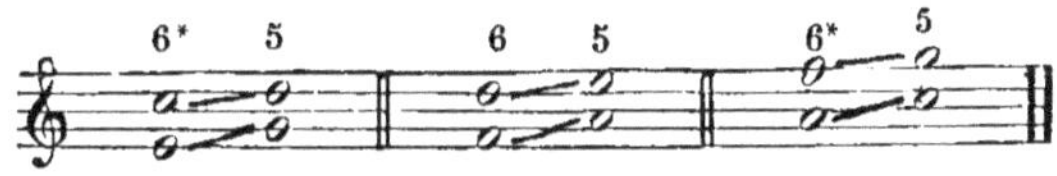

7° A quatre parties, les deux parties supérieures ou les deux parties intermédiaires peuvent réaliser, par mouvement semblable et degré disjoint de quinte *juste* en descendant ou de quarte *juste* en montant, deux tierces *mineures*, deux tierces *majeures*, deux sixtes *mineures* ou deux sixtes *majeures :*

8° Il est permis de faire successivement entendre une quinte et une douzième ou *vice versa*, par mouvement contraire et degré disjoint ; mais il faut que la partie supérieure *monte* par intervalle de quarte *juste*, et que la partie inférieure descende par intervalle de quinte juste. Exemples :

9° On pourra également faire entendre l'octave après la quinte (ou leur réplique) par mouvement semblable, *en descendant*, et à la condition que la partie supérieure descendra d'un ton. Exemples :

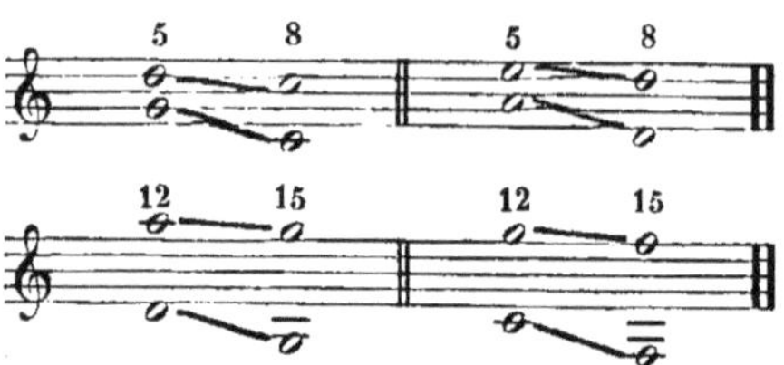

10° Il est permis d'aller de l'octave à la quinte (et leur réplique) par mouvement semblable, *en montant*, et à la condition que la partie supérieure montera d'un ton :

11° Au-dessus de la partie grave d'un contrepoint à trois et plus de parties, on peut établir une consonnance de quarte juste, mais il faut que l'une des deux parties reste en place, pendant que l'autre monte ou descend d'une seconde, soit pour aborder, soit pour quitter cette quarte. Exemples :

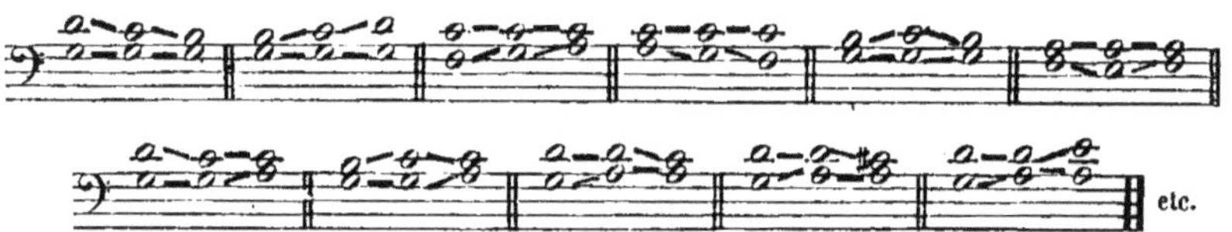

12° Il y a une particularité touchant l'emploi de la consonnance de quarte dans les cadences; il en sera parlé lorsqu'on traitera de cette dernière question.

§ VIII.

DES CONSONNANCES QUI PEUVENT ÊTRE ENTENDUES SIMULTANÉMENT POUR OBTENIR UN CONTREPOINT A TROIS ET A QUATRE PARTIES.

L'emploi simultané de deux consonnances produit un contrepoint à trois parties. Exemple :

L'emploi simultané de trois consonnances produit un contrepoint à quatre parties Exemple :

Pour constater quelles sont les consonnances employées simultanément pour former accord, il faut toujours les compter à partir de la note la plus grave que l'on nomme fondamentale. D'après cette règle qui est invariable, on verra que le premier des deux exemples qui viennent d'être donnés, est composé d'une quinte et d'une dixième *majeure,* soit :

On verra également que le second exemple est formé d'une quinte, d'une octave et d'une dixième *majeure,* soit :

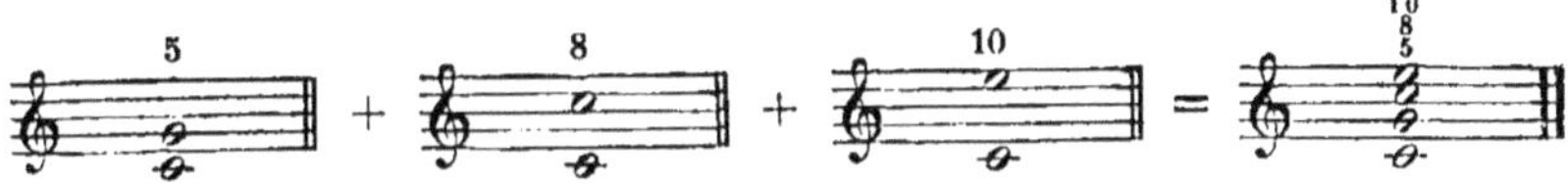

Toutes les consonnances ne peuvent se réaliser simultanément. Il y en a qui sont *sympathiques* et d'autres qui s'excluent. Il suffira d'indiquer ici les consonnances *sympathiques.*

Ce sont :

1° La tierce, la quinte, l'octave et leurs répliques.

2° La tierce, la sixte et leurs répliques.

3° La quarte, la sixte et leurs répliques.

Ces trois combinaisons de simultanéité engendrent ce que les modernes nomment :

1° L'accord parfait dans l'état direct (tierce et quinte).

2° L'accord parfait dans son premier renversement (tierce et sixte).

3° L'accord parfait dans son deuxième renversement (quarte et sixte).

Autant que possible, à trois et quatre parties, le contrapuntiste doit faire entendre la tierce et la quinte dans l'accord direct,— la tierce et la sixte dans le premier renversement ou dérivé,— et toujours, *sans exception,* la quarte et la sixte dans le deuxième dérivé de l'accord parfait ou consonnant.

Cependant, certaines nécessités obligent parfois le contrapuntiste à ne pas toujours suivre la prescription relative aux deux premiers aspects de l'accord parfait, soit pour éviter des fautes dans la succession des consonnances, soit pour donner aux parties une tournure mélodique plus élégante; mais alors la tierce ou la quinte rappelle l'idée de l'accord dans son état direct, et la sixte, l'idée de l'accord dans son premier renversement.

Pour qu'il y ait accord complet et de tierce et quinte ou de leurs répliques, il importe peu que la quinte soit au-dessus de la tierce, ou la dixième au-dessus de la quinte. Il en est de même de l'accord de tierce et sixte ou de celui de quarte et sixte. Seulement, si, dans l'accord de tierce et sixte, la dixième est placée au-dessus de la sixte, la sixte et la dixième formeront quinte, et il ne sera point permis de faire succéder. l'un après l'autre, par mouvement semblable, deux ou plusieurs accords de tierce et sixte ainsi réalisés.

Quand on écrit à quatre parties et que l'on veut une harmonie pleine, il faut nécessairement répéter l'un des sons des trois accords dont il vient d'être parlé, *sans quoi une quatrième partie serait impossible.* Cette répétition se fait, suivant l'occurrence, soit à l'unisson, soit à l'octave ou double octave de la note que l'on double. A plus forte raison faut-il doubler l'une de ces notes, lorsque les accords sont employés à l'état incomplet.

A quatre parties, dans l'accord de tierce et quinte, on peut doubler telle note que l'on voudra; de préférence, ce sera la fondamentale répétée à l'octave ou à la double octave.— Dans l'accord de quarte et sixte, même observation.— Dans l'accord de tierce et sixte, c'est autre chose.

1° Dans l'accord de tierce et sixte dont la quarte *intermédiaire* est *juste*, on doublera la tierce ou la sixte plutôt que la note inférieure, à moins que la réplique de celle-ci n'ait lieu à la partie la plus élevée du contrepoint.

2° Dans l'accord de tierce et sixte dont la quarte *intermédiaire* forme triton . . . (Exemple :), on peut doubler à volonté la partie grave ou la tierce; mais, quelle que soit l'hypothèse, la marche des parties n'est plus libre alors, d'après la pratique des anciens et contrairement aux assertions toute gratuites de certains érudits modernes. Quand on double la note grave, la basse doit descendre d'un ton, la tierce *minèure* doit monter d'un ton, si la réplique fondamentale monte d'un ton, ou descendre d'un demi-ton, si la réplique de la fondamentale monte d'une quarte juste; la sixte doit monter d'un dèmi-ton, et le redoublement de la basse à l'octave doit monter aussi d'un ton (A). Lorsque l'on double la tierce *mineure,* la fondamentale descendra d'un ton; la première tierce descendra d'un demi-ton; la tierce doublée à l'octave montera d'un ton, et la dixième montera d'un demi-ton (B). Exemples :

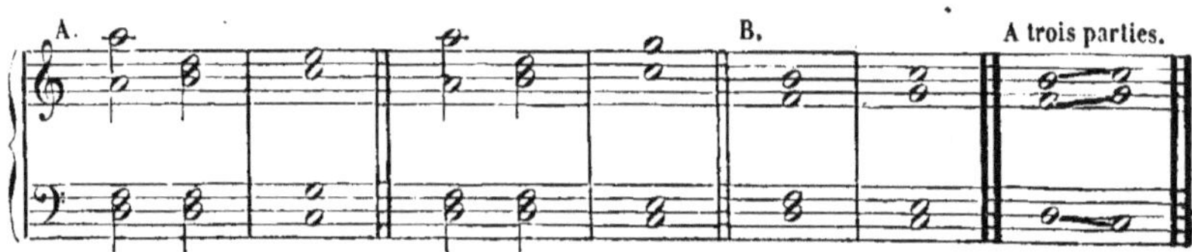

Pour l'exemple B, on trouve dans le célèbre ouvrage de Joseph Fux (*Gradus ad Parnassum*, Vienne, 1725, in-4°), qu'à l'époque de ce didacticien, la tierce montait d'un ton et la réplique de cette tierce descendait d'un demi-ton. Cette pratique offre beaucoup de douceur harmonique. Exemples :

3° Dans l'accord de tierce et sixte, le doublement de la tierce, pour obtenir une quatrième partie, peut offrir non-seulement un triton, mais encore un triton et une quinte mineure employés simultanément. Exemple :

Il faut alors, en abordant l'accord suivant, que la partie grave descende d'un ton, que la tierce monte d'un ton pendant que sa réplique descend d'un demi-ton seulement, et que la sixte monte d'une seconde mineure. C'est ce qui résulte de l'exemple donné plus haut.

Soit que l'accompagnement du plain-chant forme trois parties, soit qu'il en produise quatre, on n'oubliera pas que le trio est beaucoup plus difficile que le quatuor, parce que le premier exige continuellement des sauts mélodiques pour donner aux accords les consonnances qui les constituent, et que le quatuor n'a pas cet inconvénient à cause de certaines notes dont la duplication empêche toute mauvaise succession harmonique, et permet aux deux mains de l'organiste de faire peu de mouvements.

A trois parties, il est préférable d'en donner deux à la main droite et une seule à la main gauche.

A quatre parties, la main droite peut en avoir trois, et la main gauche, une seulement : c'est le mode le plus facile; mais, comme élégance, il est mieux de donner deux parties à chaque main. Disons cependant que cette dernière méthode n'est pas toujours possible, et que, d'ordinaire, on est souvent contraint de s'en servir concurremment avec la précédente.

La vérification du contrepoint à trois et à quatre parties n'est pas plus difficile que celle du contrepoint à deux parties seulement.

Voici la méthode en usage pour cette vérification.

1° A deux parties, on commence par donner, à chaque consonnance, le chiffre qui la représente numériquement, comme nous l'avons dit au § IV. Exemple :

8 6 3* 6 10* 10* 10 5 6* 10 6 6 8

On examine ensuite, d'après les règles et en observant bien la marche contraire, oblique ou semblable des parties, si les successions de l'octave à la sixte *majeure*, de la sixte *majeure* à la tierce *mineure*, de la tierce *mineure* à la sixte *majeure*, de la sixte *majeure* à la dixième *mineure*, etc., ne laissent rien à désirer.

On acquerra ainsi la conviction que l'exemple précédent n'enfreint aucune des règles du contrepoint à deux parties, et, par conséquent, qu'il est irréprochable.

2° A trois et à quatre parties, la vérification est un peu plus longue.

Supposons qu'il faille s'assurer de l'exactitude du contrepoint suivant, qui est à quatre parties :

Pour plus de commodité, on écrira chaque partie sur une ligne séparée; et, au-dessus de la première ligne (celle qui est au grave), on chiffrera toutes les consonnances des deux parties inférieures comparées entre elles, — au-dessus de la deuxième ligne en montant, on chiffrera toutes les consonnances faites par la basse et cette troisième partie,— et enfin, au-dessus de la troisième ligne, on chiffrera les consonnances réalisées par les deux parties extrêmes (la basse et le dessus). Exemple :

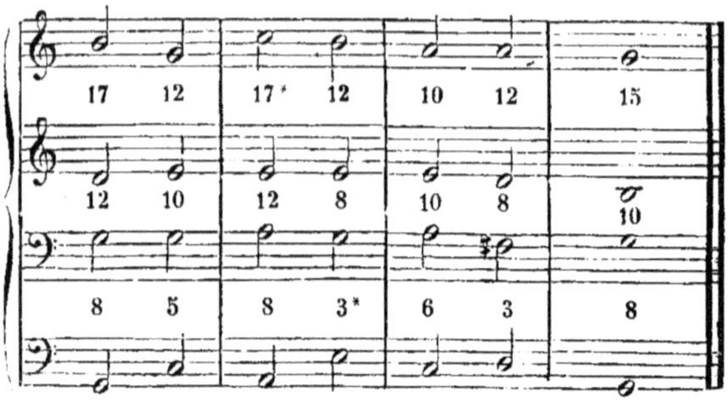

On vérifiera d'abord si les chiffres qui représentent chaque accord sont bien sympathiques entre eux.

On trouvera qu'ils le sont ici, parce que le groupe $\substack{17\\12\\8}$ est l'équivalent de $\substack{3\\5\\8}$; que celui de $\substack{12\\10\\5}$ revient à $\substack{5\\3}$; que les chiffres $\substack{17^*\\12\\8}$ sont les répliques de $\substack{3^*\\5\\8}$, etc.

Une fois fixé sur la sympathie des consonnances employées simultanément dans chaque accord, on passera à l'examen particulier de la succession des consonnances qui existent, d'abord dans les deux parties inférieures, puis entre la basse et la troisième partie, et enfin entre la basse et la partie supérieure.

Dans cet examen, on aura toujours sous les yeux, et mieux encore dans la mémoire, les règles qui président à la succession des consonnances, quand on écrit à deux ou à plusieurs parties.

Ce travail fini, on ne peut pas encore être mathématiquement certain que le contrepoint ne contient aucune faute, car il reste à vérifier si chaque partie chante bien, et si, entre les deux parties intermédiaires et entre les deux parties supérieures, il y a deux ou plusieurs unissons, deux ou plusieurs quintes, deux ou plusieurs octaves, *par mouvement semblable,* ou même une ou plusieurs quartes dont l'emploi ne serait pas toléré pour les règles décrites dans le § VII.

Or, dans l'exemple donné précédemment, chaque partie intermédiaire fait le moins de mouvements possible, la partie supérieure offre une élégante simplicité, et la basse se caractérise en franchissant des intervalles disjoints de tierce, de quarte et de quinte. De plus, aucune des quatre parties ne fait entendre des successions chromatiques, il n'y a nulle part de fausses relations, et le plus grand intervalle disjoint qui y soit franchi, c'est celui de quinte.

En ce qui concerne la présence de la quarte ou les successions mauvaises d'unissons, de quintes et d'octaves, l'exemple précédent n'offre rien de répréhensible.

Le moyen de s'en convaincre consiste à retrancher la basse et à chiffrer les parties qui restent comme s'il s'agissait d'un trio; puis, à retrancher encore la partie grave du trio et à chiffrer les deux parties comme on le ferait dans un contrepoint-duo. Exemples :

On voit, par cette dernière épreuve, que, dans le contrepoint que nous venons d'étudier en détail, il n'y a qu'un seul intervalle, celui de quarte *juste,* qui puisse attirer l'attention de l'analyste le plus rigoureux (*Voir au signe* +); mais cette quarte est non-seulement établie au-dessus d'une quinte, mais elle est traitée avec toute la sévérité qu'elle exigerait, si on la posait sur la partie réellement grave d'un contrepoint quelconque (§ VII, 11°).

On dira peut-être : « Malgré ce qui a été affirmé un peu plus haut, on trouve ici à « la troisième mesure une fausse relation indirecte d'*ut naturel* contre *fa dièse*; donc, « cet exemple contient une faute. »

Le paragraphe suivant justifiera pleinement cette fausse relation qui est non-seulement permise ici, mais même nécessaire et obligatoire.

§ IX.

DES CADENCES A DEUX, TROIS ET QUATRE PARTIES, DANS LE CONTREPOINT SIMPLE DE NOTE CONTRE NOTE.

S'il est permis de commencer un contrepoint par toute espèce de consonnance parfaite et de consonnance imparfaite *majeure* ou *mineure,* il n'est point permis d'agir aussi librement lorsqu'il faut harmoniser les cadences.

La cadence, dit Zarlino dans ses *Institutions harmoniques*, est un certain acte que font les parties chantant ensemble, et qui dénote ou un repos général de l'harmonie, ou la perfection du sens des paroles sur lesquelles le contrepoint est composé [1]).

Le troisième livre du *Recanetum de musica aurea* d'Étienne Vanneo, (Rome, in-fol.,

1) *Le Istitutioni harmoniche,* Venise, in-fol., édition de 1558, 3e partie, chap. 50, p 221.

1533), contient des notions pratiques fort importantes sur les cadences [1]). « Les cadences, dit-il, ne doivent pas être prodiguées; il faut en être avare, car c'est leur petit « nombre dans un même morceau qui en fait le charme, comme aussi l'on doit s'atta- « cher à ne pas toujours les placer sur la même corde. Le sens du texte dirigera le « compositeur dans le choix de ces repos qui sont, au fond, une sorte de ponctuation « musicale. »

Ce qu'il importe d'établir ici, avec Vanneo, c'est que l'harmonisation des cadences n'est point abandonnée au caprice du compositeur, comme les ignorants se l'imaginent; mais elle est soumise à des règles qu'on ne peut violer sans exciter le dégoût (*nauseam*) de tout véritable contrapuntiste.

C'est à dessein que nous faisons allusion à cet enseignement d'un auteur dont la science ne sera contestée par aucun critique de bonne foi. Vanneo, moine au couvent d'Ascoli, était né à *Recanati*, dans la Marche d'Ancône, en 1493; son *Recanetum*, écrit par lui en italien, fut terminé en 1531; mais il ne parut qu'en latin, quelques années plus tard (1533), et c'est à Rome que fut publiée cette traduction due à la plume de Vincent de Rossetti, de Vérone. « Cet ouvrage, dit M. Fétis, un des plus rares de son « espèce, est aussi un des meilleurs traités de l'époque où il parut. » Nous ajouterons, qu'en suivant la doctrine que renferme cet ouvrage, nous ne risquerons pas de glisser dans la tonalité moderne, à moins de supposer gratuitement que cette tonalité AVAIT TOUT ENVAHI, un siècle avant son explosion dans le monde musical. Vanneo n'a pas inventé les règles qu'il donne : il les a puisées nécessairement dans la pratique universelle des contrapuntistes de l'ancienne tonalité [2]). Et comme le vrai contrepoint de cette tonalité ne date que de l'an 1459, ainsi que nous l'apprend le célèbre Tinctoris en 1476, il en résulte que le traité de Vanneo nous révèle les origines mêmes de l'harmonisation qui, digne de ce nom, convient au plain-chant pour lequel il écrivait d'une manière spéciale [3]). A coup sûr, les artistes sérieux des premières années du XVe siècle, uniquement préoccupés de l'antique tonalité, en savaient un peu plus, là-dessus, que certains inventeurs de systèmes plus ou moins baroques d'harmonie soi-disant grégorienne...

Mais revenons aux cadences.

Il y en a de trois espèces: les *parfaites*, les *imparfaites* et les *plagales*.

Les parfaites sont celles qui donnent *le sentiment parfait* d'une conclusion harmonique; elles équivalent au point d'une phrase grammaticale.

Les imparfaites n'expriment le sentiment du repos que d'une manière imparfaite; elles répondent à la virgule, au point-virgule, aux deux points et au point d'interrogation.

Les plagales s'emploient immédiatement à la suite d'une cadence parfaite finale, et rendent plus saisissante l'idée du repos final. Le nom de *plagales* leur vient de ce que leur deuxième accord est établi une quarte juste au-dessus de la fondamentale du précédent accord. On sait que la quarte est la division arithmétique de l'octave, et que c'est sur cette division que repose la tonalité des modes plagaux du plain-chant.

1) L'auteur donne, aux cadences considérées sous tous les aspects, les noms de *cadentiæ, positura, terminationes, conclusiones, fines, copulationes, reductiones, perfectiones, suffragationes, optationes, approbationes, distinctiones, termini finales, clausulæ*.

2) Vanneo cite Adrien Willaert, Constant Festa, Jacquet, Jacotin, Jean Basiron, Carles, Carpentras, Jean L'Héritier et Maître Jan (fol. 90). Voilà, certes, d'illustres artistes qui appartenaient à la Belgique, à la France, à l'Italie, etc.

3) Voir le chapitre 38 du 3e livre de son ouvrage.

CONTREPOINT A DEUX PARTIES.

Les cadences du contrepoint à deux parties sont la base des cadences à plusieurs parties. Dans ces dernières, il faut toujours qu'il y ait une ou deux cadences à deux parties employées simultanément, et traitées d'après les règles de leur formation constitutive. Autrement, il y aurait faute.

1° *Cadence parfaite à l'unisson.* — L'unisson final doit être immédiatement précédé d'une tierce *mineure*. Peu importe que cette tierce produise une fausse relation avec l'une des notes de la consonnance précédente. Exemples :

2° *Cadence parfaite à l'octave.* — L'octave finale doit être immédiatement précédée d'une sixte *majeure* ou d'une dixième *mineure*. Peu importe que cette sixte ou cette dixième produise une fausse relation avec l'une des notes de la consonnance précédente. Exemples :

Zarlino parle de cadences à l'octave, dans lesquelles l'octave finale est précédée d'une tierce *majeure* par mouvement contraire. Exemples :

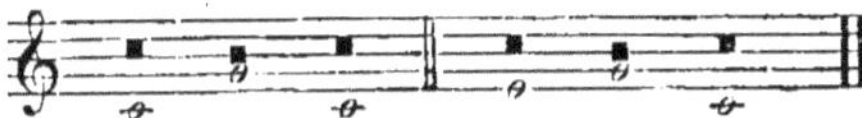

Mais, ajoute-t-il, « *Queste Cadenze non si usano molto di lungo nelle compositioni di* « *due voci* (Istitut. harm., 3e partie, ch. 53). » En conséquence, on s'en abstiendra dans le contrepoint à deux parties.

3° *Cadence parfaite à la quinte.* — A deux parties, cette cadence ne s'emploie guère qu'à la fin d'un troisième ou d'un quatrième mode grégorien, et, dans ce cas, la quinte finale doit être immédiatement précédée d'une tierce *majeure* par mouvement contraire. Ici encore, peu importe la fausse relation qui existe entre cette quinte finale et l'une des notes de la consonnance qui précède. Exemples :

4° *Cadences imparfaites.* — En général, on peut les réaliser comme on voudra, suivant la nature du chant et les règles ordinaires du contrepoint. Il y en a cependant qui se rattachent aux formes des cadences *imparfaites, évitées* et *rompues* de l'harmonie moderne, comme on le verra plus clairement, lorsque nous parlerons plus loin de ces cadences dans le contrepoint à trois parties. On en détache les intervalles qui peuvent légitimement se mettre en œuvre dans le contrepoint-duo.

5° *Cadence plagale.* — Elle n'est guère réalisable dans le contrepoint à deux parties.

CONTREPOINT A TROIS PARTIES.

1° *Cadence parfaite à l'unisson.* — L'addition d'une troisième partie produira, à l'avant-dernière note, un accord de tierce et quinte, ou de tierce et sixte mineures; et, à la dernière note, un intervalle d'unisson et d'octave, ou d'unisson et de tierce majeure, ou d'unisson et de quinte, ou enfin d'unisson réalisé par trois parties. Exemples :

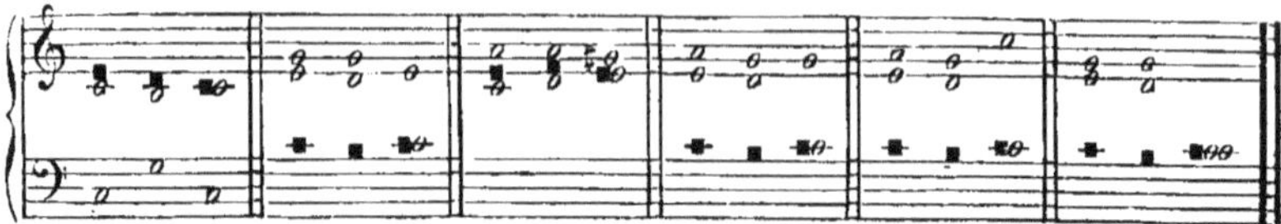

2° *Cadence parfaite à l'octave.* — L'écartement qui existe entre les deux parties essentielles des cadences à l'octave, permet d'obtenir des variantes dans la position d'une troisième partie. La sixte *majeure* qui précède l'accord final pourra recevoir un intervalle de quinte juste au-dessous de sa note grave ; ce sera alors un accord de tierce et quinte. On pourra aussi placer la troisième partie non pas au-dessous de la sixte, mais entre sa note grave et sa note supérieure : ce sera alors ou un accord de tierce *majeure* et de sixte *majeure,* ou un accord de tierce *mineure* et sixte *majeure,* produisant un triton admis en cette circonstance. On pourra enfin ajouter la troisième partie, non plus au-dessous ni dans l'intérieur de la sixte, mais au-dessus de celle-ci, et l'on obtiendra un accord de tierce *mineure* et de sixte *majeure* avec quinte *mineure,* admis également en cette circonstance. Exemples :

Fausses relations directes et indirectes, toujours admises dans les cadences :

3° *Cadence parfaite à la quinte.*— A trois parties, elle n'est possible que concurremment avec la cadence à l'octave. On en a vu la pratique au n° 5 de l'exemple précédent.

4° *Cadences imparfaites.*— On choisira tels accords que l'on voudra, pourvu qu'ils se suivent d'une manière légitime. Les combinaisons qui ressemblent aux cadences imparfaites de l'harmonie moderne et qui peuvent être employées dans le contrepoint sévère applicable au plain-chant, méritent d'être étudiées. Les voici :

Première combinaison : Les deux notes de basse montent d'une quinte juste, et chacune d'elles porte, complet ou non, un agrégat harmonique censé être de tierce et quinte dont elle est la fondamentale. La tierce du dernier agrégat ou accord doit être *majeure.* Exemples :

C'est la demi-cadence ou cadence imparfaite des modernes.

Deuxième combinaison : La basse descend d'une tierce *majeure* ou *mineure,* suivant l'échelle grégorienne ; sur la première note de basse, il y a tierce *majeure* et quinte ; sur la deuxième, il y a fragment d'un accord de tierce et sixte *majeures* ou *mineures,* suivant la nature de l'intervalle de tierce franchi par la basse elle-même. Exemples :

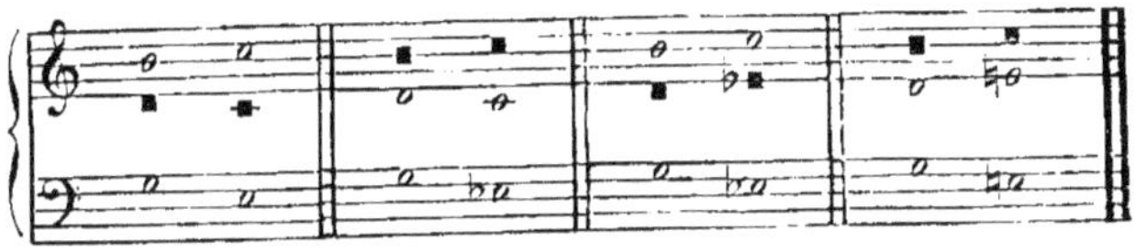

C'est notre cadence *évitée*.

Troisième combinaison : La basse monte d'un ton ou d'un demi-ton. Sur la première note de basse, on établit un fragment d'accord de tierce *majeure* et quinte; sur la seconde, on pose un accord complet de tierce *mineure* et quinte juste, si la basse monte d'un ton, ou de tierce *majeure* et quinte juste, si la basse monte seulement d'un demi-ton. Exemples :

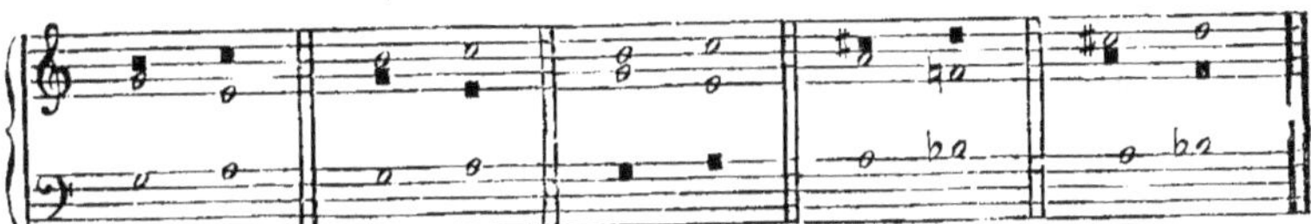

C'est l'*origine* de notre cadence *rompue*.

5° *Cadence plagale.* — Cette cadence joue un grand rôle dans l'harmonisation du plain-chant et même dans la musique moderne qui en tire de magnifiques effets. On l'emploie dans l'intérieur aussi bien qu'à la fin d'un contrepoint liturgique.

A la fin du contrepoint, elle peut suivre immédiatement la cadence parfaite [1]) : sur la tonique de cette cadence, tonique qui se traite *en manière de point d'orgue,* on intercale au milieu de l'accord de tierce et quinte un autre accord de tierce et quinte dont la fondamentale est à une quinte au-dessous ou à une quarte au-dessus.

A trois parties, les accords ne pouvant pas toujours être complets, il est souvent impossible d'obtenir la *plénitude* de la cadence plagale, comme on peut s'en convaincre par les quelques exemples suivants :

1er et 2e modes.

3e et 4e modes.

5e et 6e modes.

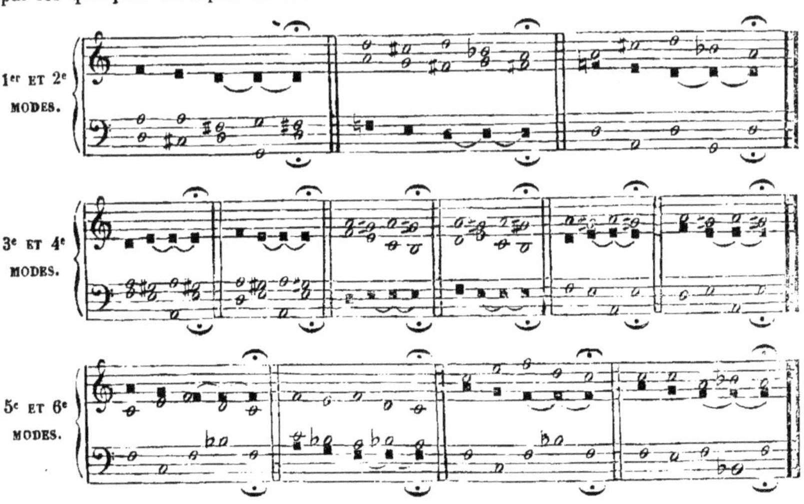

1) Voir le *Trattato della natura et cognitione di tutti gli tuoni*, etc., de Pietro Aaron (Venise, in-4°, 1525).

7e ET 8e MODES.

CONTREPOINT A QUATRE PARTIES.

Il suffira, pensons-nous, de donner ici quelques exemples des diverses cadences à quatre parties.

1° *Cadences dans lesquelles deux parties forment un unisson final :*

Rien ne s'oppose à ce que, sur l'orgue, on ne complète l'accord final de tierce et quinte dans les exemples 1, 2 et 5. Dans le 6e, cela n'est point possible, car il y aurait deux octaves successives par mouvement semblable, ce qui est une faute,

2° *Cadences où deux parties ne font aucun unisson final, mais dans lesquelles deux ou trois de ces parties réalisent l'intervalle d'octave et même de double octave :* —

Au-dessus de l'*ut* final inférieur de la main droite, dans l'exemple n° 1, l'organiste peut ajouter un *mi* pour compléter l'accord, comme aussi, entre les deux *ut* de la main gauche, dans l'exemple n° 2, il peut faire entendre un *sol* pour le même motif.

3° *Cadence à la quinte avec addition de deux parties :* — On en voit un exemple au n° 4 des cadences précédentes.

4° *Cadences imparfaites :*

5° *Cadences plagales :*

§ X.

REMARQUES IMPORTANTES SUR LA PRATIQUE DES CADENCES.

Le Père Parran dit, dans son *Traité de la Mvsiqve théoriqve et pratiqve* (Paris, 1639 et 1646, in-4°, p. 52), que — « Composant à plusieurs parties, il ne faut jamais faire « finir une partie par la tierce mineure *à la fin d'une pièce;* ains [mais] par la ma- « jeure. »

C'était l'usage général des anciens contrapuntistes. Ceux-ci terminaient de préférence leurs morceaux à plusieurs parties par la quinte et l'octave, et quand ils y ajoutaient la tierce, ils la *majoraient* si elle était mineure d'après l'échelle du mode, afin de la rendre moins imparfaite. C'est à cela que fait allusion M. L.-S. Fanart, quand il dit dans l'introduction de son *Livre choral* (Paris, 1854, gr. in-8°, p. XLIX) : « L'organiste se gardera bien d'ajouter aucune note à celles qui sont indiquées [dans « le *Livre choral,*] de mettre une tierce, par exemple, dans les accords composés d'une « quinte et d'une octave, et surtout de jamais terminer un morceau par la tierce mi- « neure, ce qui montrerait qu'il n'entend absolument rien à l'accompagnement du « chant ecclésiastique. »

Cette conclusion de M. Fanart est exagérée, selon nous, parce qu'elle décerne un brevet d'incapacité *générale* à propos d'un simple fait *isolé*.

Oui, il faut majorer la tierce finale quand on l'emploie et qu'elle n'est point majeure dans l'échelle du mode que l'on harmonise : il en résulte alors un sentiment plus vif, plus saisissant et plus solennel de terminaison harmonique. Et c'est parce que cette majoration s'éloigne des habitudes de notre musique moderne, qu'il faut y tenir davantage. Voilà pourquoi nous avons ici basé notre enseignement, dans ce qui a été dit au § IX, sur les prescriptions des anciens contrapuntistes.

Mais que faut-il entendre par la tierce finale d'une cadence qui l'emploie? est-ce celle qui appartient à la cadence de la terminaison de chaque verset psalmodique, de chaque verset du *Te Deum,* du *Kyrie,* du *Gloria in excelsis,* du *Credo,* du *Sanctus,* de l'*Agnus,* d'un *Trait,* etc.? ou bien est-ce celle de la cadence *vraiment finale* de toutes ces pièces?

Nous sommes pour la dernière hypothèse, et nous croyons que, dans toutes les autres circonstances, on fera bien de ne pas majorer la tierce mineure de l'accord final d'une cadence parfaite. On modifiera donc, en ce sens, ce qui a été dit plus haut (§ IX) touchant les cadences *parfaites* à trois et à quatre parties, qui ont pour base l'unisson et l'octave; mais on se gardera bien de toucher aux cadences parfaites fondées sur la quinte, dans lesquelles la tierce finale doit toujours être *majeure,* sans aucune exception.

On discute sur la question de savoir, si, après l'accord qui constitue la demi-cadence, la partie qui a fait entendre la tierce *majeure* peut, dans l'accord suivant, baisser cette tierce d'un demi-ton pour se conformer à l'échelle du mode *instantanément altérée* par la demi-cadence?

Les uns disent qu'il faut éviter cette marche qui ressemble à un mouvement descendant de mélodie chromatique, et que la meilleure chose à faire en cette circonstance, c'est de laisser la tierce *majeure* de la demi-cadence se résoudre en montant d'une seconde, dans l'accord suivant, sur une corde naturelle du mode. Exemple :

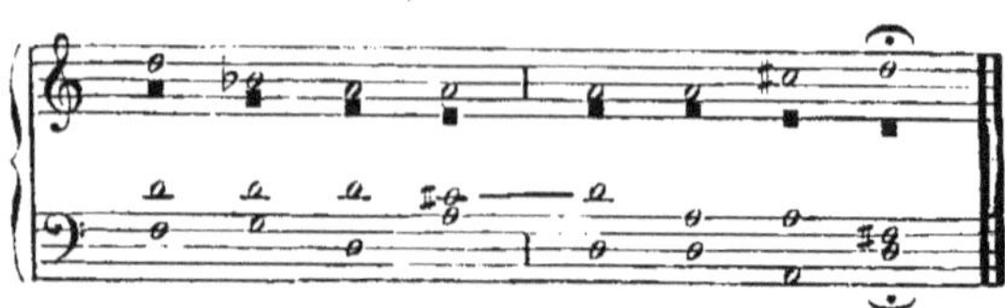

Rien de mieux, lorsque c'est possible; mais cela ne l'est point toujours, et alors nous ne voyons aucun inconvénient à suivre l'avis contraire. Dans ce cas, il n'y a pas plus de passage chromatique que dans la finale d'un verset de psaume qui contiendrait un *ut dièse,* par exemple, et dont le verset suivant commencerait par un *ut naturel* placé à la même partie, chose tellement permise que, sans elle, il n'y a point de cadence possible.

Voici un exemple qui vient à l'appui de ce qui précède, et qui montrera, en même temps, la manière de réaliser l'altération descendante à la suite d'une demi-cadence[1]).

Enfin, il y a une dernière objection qui est devenue spécieusement formidable, depuis que certains modernes ont eu la prétention inouïe de connaître, mieux que les anciens, la vraie manière d'*exécuter* et d'*harmoniser* le plain-chant. Si l'on en croit les utopistes actuels, c'est une faute énorme contre la tonalité grégorienne d'élever d'un demi-ton l'avant-dernière note du chant, dans les cadences où la mélodie monte à la finale. La tonalité, la vraie tonalité s'y oppose; or, plutôt que de la blesser si gravement, il est préférable de négliger ici les règles du contrepoint, de faire précéder, au besoin, l'unisson d'une tierce *majeure,* ou l'octave, d'une sixte *mineure,* et d'employer même d'autres manières, *quelles quelles soient,* de réaliser les cadences, pourvu que la note du plain-chant reste naturelle, diatonique, grégorienne : autrement, dit-on, ce n'est plus le plain-chant, c'est la musique moderne.

Plaisant raisonnement! parce que l'art moderne s'est emparé de ce qui n'était qu'un euphonisme dans le chant plane pour en faire une loi constitutive de sa tonalité nouvelle, il faudra que le plain-chant s'abstienne de cet euphonisme pour ne pas ressembler à la musique qui est née de ses entrailles? C'est comme si l'on disait que le contrepoint des XVe et XVIe siècles ne peut plus être employé de nos jours, parce qu'il faisait usage de l'accord de tierce et sixte avec triton, et que le triton est devenu, de diable qu'il était *ordinairement* dans le plain-chant, la base de la tonalité moderne.

On confond ce qui était anciennement *simple détail et exception* avec ce qui est aujourd'hui *essence et fondement* de l'art. Gardons-nous de cette confusion et retenons bien que le plain-chant ne deviendra jamais musique moderne en continuant à se servir exceptionnellement d'un euphonisme qui n'est pas du tout notre *note sensible.*

1) Nous disons *descendante,* l'ascendante n'est jamais tolérée dans le contrepoint appliqué au plain-chant.

comme aussi la musique du jour ne deviendra jamais plain-chant en n'altérant aucune note de sa gamme mineure descendante ou en pratiquant la cadence plagale. La vérité a des limites que les hommes systématiques outrepassent toujours. Restons dans la vérité.

On peut consulter avec fruit le chapitre 36 du troisième livre du *Recanetum* de Vanneo (fol. 90 recto et verso). Ce chapitre est exclusivement consacré au dièse et à son usage dans les cadences. L'effet de ce dièse est commandé par l'oreille : il faut, dit-il, recevoir et suivre ce précepte de l'oreille, et le cacher dans le trésor de la mémoire : « *Aurium hoc præceptum suscipiant atque sequantur ac denique memoriæ thesauro recondant.* » Et l'auteur ajoute que l'*ut* de la cadence *ré-ut-ré*, le *fa* de la cadence *sol-fa-sol*, et le *sol* de la cadence *la-sol-la*, quand on chante en bécarre, doivent être diésés ; mais qu'il faut toujours laisser naturels, le *ré* de la cadence *mi-ré-mi*, et, quand on chante en bémol, le *sol* de la cadence *la-sol-la*. La raison de ces deux exceptions n'est pas difficile à constater : dans ces deux cas, en effet, la tierce que l'on peut former au-dessus du *ré* et au-dessus du *sol*, est *mineure*, et la sixte que l'on peut établir au-dessous de ces deux notes, est *majeure*, conformément à la règle des cadences.

Mais, nous dira-t-on, comment faut-il se conduire dans les paroisses où existe l'habitude de ne point altérer les notes *ut*, *fa* et *sol* dont nous venons de parler.

La réponse n'est point douteuse : un organiste accompagnateur doit respecter les usages reçus, à moins qu'il n'ait assez d'influence pour les rectifier *peu à peu* et *avec toute la circonspection* dont il sera capable. En attendant, il enfreindra le moins possible les régles que nous avons données, et remplacera, dans les cadences à l'unisson et à l'octave, la tierce *mineure* par la tierce *majeure*, et la sixte *majeure* par la sixte *mineure*[1]). Mais cette violation des règles ne durera guère, si toutefois elle existe, car, dit le célèbre Dom Jumilhac, — « Dans les cadences des modes 1. et 2. 7. et 8.... « quand leur note antepenultiéme est sur la mesme chorde et la mesme ligne que leur « finale, ou bien une chorde au dessus, *l'on a coûtume* en descendant de l'antepenul- « tiéme à la penultiéme, et remontant de celle-cy à la finale de n'y faire qu'un demy-ton « lors que l'antepenultiéme et la finale sont sur la mesme chorde ; ou bien de n'y « faire qu'une tierce mineure quand l'antepenultiéme est une chorde au dessus de la « finale, et la penultiéme une chorde au dessous la mesme finale, quoy que selon l'ordre « des sons de la gamme il y dûst avoir ou un ton ou une tierce majeure. *Ce que quel- « ques musiciens disent se faire si naturellement dans ces sortes de cadences que ceux mesme « qui n'y font aucune reflexion le pratiquent ainsi.....* [2]) »

« Les Diezes, disait en 1744 le frère Remy Carré, prêtre et religieux profés de l'Abbaye « de Saint-Amant de Boixe, — les Diezes se trouvent marqués dans quelques nouveaux « Livres d'Eglise : mais quand même ils ne le seroient pas, *cela ne devroit embarrasser « personne ; car on les fait naturellement, même sans y penser, et il faudroit se forcer « pour ne les pas faire*[3]). »

1) Nous savons bien qu'— « il est impossible d'avoir le sentiment d'une terminaison complète et définitive « avec des formules semblables » —, comme le fait observer très-bien M. L. Bignon dans sa *Méthode pratique d'accompagnement du plain-chant* (p. 19). Ces formules, nous ne les enseignons pas : nous engageons seulement nos lecteurs à les subir, faute de mieux.

2) *La science et la pratique du plain-chant*, Paris, in-4°, 1673, partie IV, ch. VI ; nouvelle édition, Paris, in-4°, 1847, p. 272.

3) *Le Maistre des Novices dans l'art de chanter : ou règles générales... pour apprendre parfaitement le plein-chant*, Paris, in-4°, 1744, ch. VII, p. 43.

§ XI.

DES ÉLÉMENTS DU CONTREPOINT FLEURI.

Jusqu'à présent on a vu comment on peut adapter une ou plusieurs parties d'accompagnement à la mélodie du plain-chant.

Cet accompagnement se distingue par une sévérité grave et austère.

Le contrepoint fleuri est moins rigoureux : on y emploie non-seulement les consonnances, mais encore les dissonances dont il a été parlé au § IV, avec de certaines précautions, bien entendu, et une partie peut chanter plusieurs notes pendant que la mélodie n'en fait entendre qu'une, ou *vice versa*. On y use aussi de l'artifice de la syncope, que les anciens contrapuntistes regardaient comme l'une des plus précieuses ressources du contrepoint fleuri.

1° Quand on met *deux notes contre une*, on doit soigneusement éviter deux quintes ou deux octaves successives, procédant par mouvement semblable et cachées par un saut de tierce, de quarte, de quinte ou de sixte. Exemples où ces mauvaises successions sont mises en évidence :

On ne permet les successions des exemples 1, 2 et 3 que lorsqu'il y a plus de deux parties, encore faut-il que ce ne soit pas entre la partie supérieure et la basse. Quant aux autres, certains contrapuntistes les tolèrent, même à deux parties, en disant que le saut de quarte, de quinte ou de sixte fait oublier à l'auditeur les quintes et les octaves cachées; mais, quoi qu'il en soit, il est manifeste que de pareilles successions sont peu satisfaisantes.

Quand la partie qui fait deux notes se rapproche ou s'éloigne trop de celle qui n'en fait qu'une, elle peut faire un saut de sixte mineure ou d'octave, pour procéder ensuite par mouvement contraire, comme dans les exemples suivants où l'on suppose que la marche du contrepoint amène la première note, telle qu'elle est indiquée ici :

Les dissonances sont permises, mais comme notes de passage seulement, c'est-à-dire, pour combler le vide qu'il y a entre deux notes du contrepoint pouvant se suivre par saut ascendant ou descendant de tierce. Et ici, l'intervalle de quarte juste peut être considéré comme une dissonance. Exemples :

C'est comme s'il y avait :

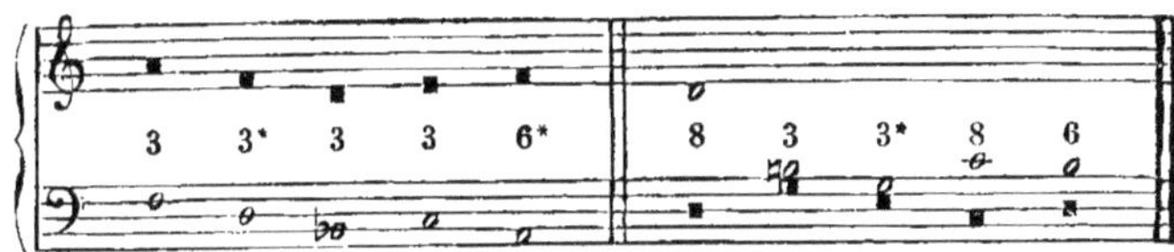

On le voit : dans ces cas, la première des deux notes mises contre une doit toujours être autorisée par les règles générales ; la seconde doit l'être aussi, sauf l'exception dont nous venons de parler.

Même à deux parties, l'emploi de l'unisson et de l'octave est toléré plusieurs fois dans le courant d'un contrepoint, quand on met deux ou plusieurs notes contre une.

2° Lorsque l'on met trois notes contre une, toutes les trois doivent se conformer aux règles qui légitiment la succession des consonnances, à moins que la première et la troisième formant un saut de tierce ascendante ou descendante, on ne veuille placer entre elles une dissonance ou une quarte juste. Exemple :

Mais, à deux parties, on évitera de commencer l'harmonisation de chaque groupe ternaire par une quinte ou par une octave, car, malgré les trois notes, on éprouve un effet aussi désagréable, que si les quintes et les octaves se succédaient immédiatement. Exemple :

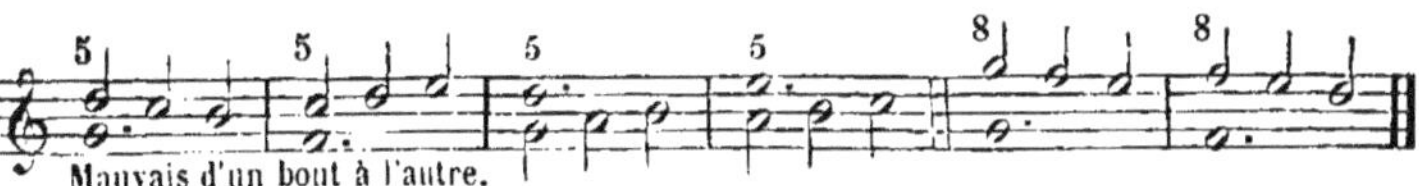

Ces successions ne sont tolérées qu'à plus de deux parties, et, même alors, elles sont défendues entre les deux parties extrêmes.

3° Quand on met quatre notes contre une, elles peuvent être toutes les quatre de bonnes consonnances, et leur marche est libre pourvu qu'elle n'engendre point de fautes d'harmonie (A); ou bien les quatre notes montent ou descendent diatoniquement, et alors la première et la troisième (B), ou la première, la deuxième et la quatrième (C), ou la première, la troisième et la quatrième (D), formeront bonnes consonnances; enfin, la marche des quatre notes pourra se dessiner comme dans les exemples (E), car ce sont des formules *reçues* qui remplissent les conditions que nous venons d'énumérer :

A deux parties, les contrapuntistes rejettent les formules suivantes, et, à plus de deux parties, ne les admettent que dans l'intérieur du contrepoint :

4° Arrivons à l'usage de la syncope dans le contrepoint. Ici, on peut définir la syncope : un son d'accompagnement qui commence à la seconde moitié d'une note de mélodie, et qui, marchant à contre-temps, cesse avec la première moitié de la note suivante. Exemples :

« La syncope qui se varie en vne infinité de façons, dit le P. Antoine Parran, est « excellente, et grandement importante, ayant des effets admirables quand elle est « bien maniée : car c'est elle qui allie les mauuais accords aux bons, les moderant et « detrempant, en sorte que ce qui est rude et amer de soy, est rendu doux par le « moyen d'icelle[1]. »

La première note qui fait syncope, doit toujours être une consonnance; mais la seconde, celle qui la termine, peut former soit une consonnance, soit une dissonance ou une quarte juste :

1) *Traité de la Musiq.*, p. 86.

Quand la seconde note de la syncope forme consonnance avec une autre partie du contrepoint, il est permis de marcher ensuite par degrés *conjoints* ou *disjoints*. Exemples :

Mais, dans ce cas, et lorsque les deux parties procèdent par mouvement semblable, on se gardera bien de faire des successions dont les chiffres représentatifs seraient 1 2 1, ou 5 6 5, parce qu'alors on ne ferait que des suites fautives d'unissons ou de quintes. Exemples :

Quand la seconde note de la syncope forme dissonance avec une autre partie du contrepoint, on s'habituera d'abord à éviter les successions de 5 4 5, ou 8 9 8, parce qu'elles cachent de mauvaises suites de quintes ou d'octaves. Exemples :

Cette réserve faite, voyons la manière pratique de réaliser la syncope, lorsqu'elle se termine en dissonance contre une autre partie du contrepoint. Il faut alors distinguer : ou cette partie est au-dessous, ou elle est au-dessus de la syncope.

Dans la première hypothèse, l'intervalle de seconde devra être suivi de l'unisson, la quarte exigera après elle la tierce, la septième précèdera immédiatement la sixte, et la neuvième se résoudra sur l'octave.

Dans la deuxième hypothèse, c'est-à-dire, lorsque la partie qui ne syncope point est au-dessus de celle qui syncope, l'intervalle de seconde sera suivi de la tierce, la quarte demandera la tierce, la neuvième aura la dixième immédiatement après elle. Nous ne parlons pas ici de la septième se résolvant sur l'octave, parce que, d'après les anciens contrapuntistes, cette résolution n'est pas assez harmonieuse pour être tolérée. Fux fait cependant observer que la seconde suivie de l'unisson est admise par tout le monde, et qu'elle produit moins d'harmonie encore; mais *il se soumet à la loi*, et nous feront comme lui[1]).

Au contrepoint syncopé se rattachent certains dessins mélodiques qui lui donnent de la grâce, et qui étaient fort en usage autrefois.

Par exemple, la syncope peut se résoudre en passant par une note intermédiaire, lors même que cette note produirait dissonnance ou quarte juste :

Telles sont, en abrégé, les règles du contrepoint simple fleuri, lequel offre, comme on voit, de nombreuses ressources. En le mettant en œuvre, on se gardera bien d'assigner toujours à une partie deux notes contre une, à une autre quatre notes contre une, et à une troisième des syncopes, depuis le commencement jusqu'à la fin. Cela est bon comme étude; mais, comme pratique, cela serait difficile, aride et pédantesque.

§ XII.

DE L'USAGE QUE L'ON DOIT FAIRE DU CONTREPOINT FLEURI DANS L'ACCOMPAGNEMENT DU PLAIN-CHANT VOCAL.

Le contrepoint simple de note contre note est le seul qui convienne à la gravité du chant liturgique. C'est à lui que l'accompagnateur doit fortement s'attacher comme au seul et vrai moyen de contribuer à la majesté du culte.

Chaque fois que nous entrons dans une église de Paris et que nous y entendons la voix des chantres soutenue par l'accompagnement de l'orgue, nous sommes profondément blessé de trois choses :

La première, c'est que la plupart des organistes-accompagnateurs y déploient alors toute la sonorité de leur instrument, et laissent à peine distinguer les pénibles mugissements de nos chantres aux voix graves.

La seconde, c'est la manière martelée et mesurée avec laquelle procèdent l'accompagnement et le chant.

La troisième enfin, ce sont les broderies qui, perpétuellement prodiguées et perpétuellement les mêmes sous les doigts de l'organiste, produisent les effets les plus ennuyeux, et fatiguent l'auditeur le plus robuste. Ce contrepoint fleuri, de la pire espèce, est en général bâti sur des suites ascendantes ou descendantes d'accords de tierces et sixtes. On va s'en faire une idée par le spécimen suivant (*Kyrie* des semi-doubles, rit parisien), que nous empruntons au *Livre d'Orgue*, publié dans le temps par M. Miné, et dédié par lui à son oncle, le célèbre M. Perne :

1) Voir ce que dit M. Fétis à ce sujet (*Traité complet de la théorie et de la pratique de l'Harmonie*, p. 67).

A coup sûr, la platitude le dispute ici à l'ignorance de la tonalité liturgique.

Quelques organistes privilégiés, il est vrai, sortent de cette ornière, à Paris : sous leurs doigts, l'accompagnement forme un excellent contrepoint fleuri, plus ou moins altéré, cependant, à cause de l'inobservation des formules relatives aux cadences. Voici, par exemple, comment ils harmoniseraient le morceau cité plus haut :

Le docte et habile auteur de ce contrepoint n'a pas besoin de nos éloges ; mais on nous permettra de dire que l'harmonisation précédente, très-bonne pour un grand orgue qui interprète seul le plain-chant, nous paraîtra toujours inadmissible comme simple accompagnement des voix : elle rendrait la mélodie liturgique trop pesante et trop lourde sous son manteau scintillant d'arabesques d'or, — elle exigerait une mesure battue et rigoureuse, — elle embrouillerait une infinité de chantres, — elle ôterait enfin au chant plane sa gravité calme, sa libre allure et ses mouvements, qu'il est impossible d'assujétir à aucune mesure précise, à moins qu'on ne veuille tout défigurer.

Suivant nous, les éléments du contrepoint fleuri ne doivent apparaître que çà et là dans l'accompagnement du plain-chant vocal. Ainsi, on pourra quelquefois, mais très-sobrement et de préférence dans les mouvements lents, mettre deux ou plusieurs notes

1) Ce contrepoint est de M. F. Benoist, professeur d'orgue au Conservatoire impérial de Musique, à Paris. Nous l'extrayons de l'excellent *Traité de l'harmonie pratique* de M. A. Panseron (p. 251).

contre une à une partie, surtout si c'est pour faciliter la réalisation de l'accompagnement, ou pour donner plus de grâce au contrepoint :

On en usera de même à l'égard des syncopes produisant dissonances. Généralement, elles font bon effet dans les cadences. L'organiste accompagnateur se souviendra que, pour réaliser à quatre parties la plupart des syncopes, il suffit de bien connaître les formules suivantes, qui sont très-faciles à retenir et à mettre en pratique.

Première formule. — Lorsque deux accords consonnants directs [1]) se succèdent par mouvement contraire et que la basse monte d'un ton, on prolonge la quinte du premier accord et l'on retarde la tierce du suivant. Exemples :

Deuxième formule. — Lorsque deux accords consonnants directs se succèdent par mouvement contraire et que la basse monte d'une quarte juste, on prolonge la quinte du premier accord et l'on retarde l'octave du suivant. Exemples :

Troisième formule. — Lorsque deux accords consonnants directs se succèdent par mouvement contraire ou par mouvement semblable descendant, et que la basse monte d'une quinte ou descend d'une quarte juste, on prolonge l'octave du premier accord et l'on retarde la tierce du second. Exemples :

1) Accords de tierce et quinte.

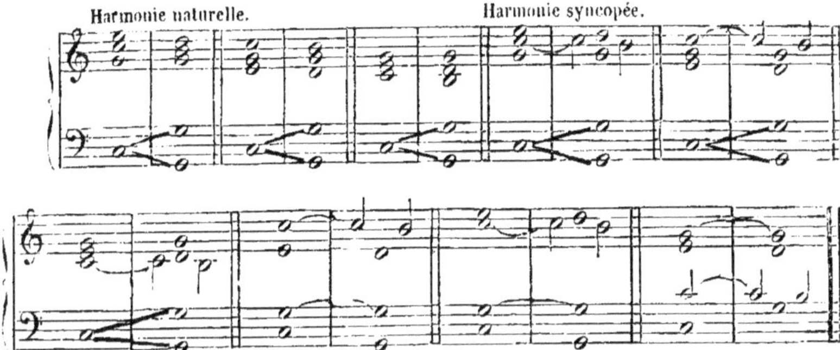

Quatrième formule. — Lorsqu'un accord consonnant direct est suivi d'un accord de tierce et sixte et que la basse descend d'un demi-ton, on prolonge à la basse la fondamentale du premier accord et l'on retarde la note grave du suivant; mais, pour éviter deux octaves cachées, on aura soin de retrancher ou de faire monter, à la main droite, l'octave de la note de basse du premier accord. Exemples :

Cinquième formule. — Lorsqu'un accord de tierce et sixte est suivi d'un accord consonnant direct et que la basse monte d'un demi-ton, on prolonge la tierce du premier accord et l'on retarde l'octave du suivant; mais, pour éviter deux octaves cachées, on aura soin de retrancher ou de faire descendre, à la main droite, l'octave de la note de basse du premier accord. Exemples :

Harmonie naturelle. Harmonie syncopée.

Sixième formule. — Lorsqu'un accord de tierce et sixte est suivi d'un autre accord de sixte et que la basse descend d'un demi-ton ou d'un ton, on prolonge la sixte du premier accord et l'on retarde la sixte du suivant; mais, pour éviter deux octaves cachées, on aura soin de ne pas mettre à la main droite, dans le premier accord, l'octave de la note de basse, et d'y redoubler la sixte dont l'inférieure montera pour former le second accord. Exemples :

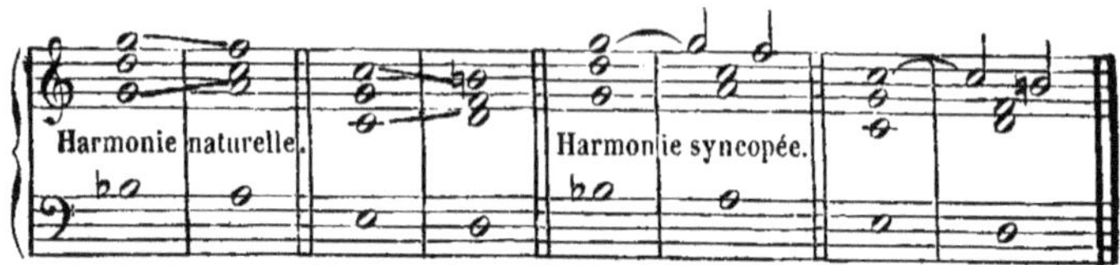

A trois parties, on peut faire des suites de tierces et sixtes descendantes et syncopées. Exemples :

Voilà, à peu près, tout ce que l'on peut dire sur la pratique des syncopes, mises à la portée de tout le monde. Ceux qui voudraient de plus grands détails, feront bien de lire l'*Esquisse de l'histoire de l'Harmonie,* par M. Fétis (*Revue et Gazette musicale de Paris,* année 1840, 2e article, p. 159), et, du même auteur, le *Traité complet de l'Harmonie* (livre deuxième, chap. VI, pp. 59-77). Nous ne saurions trop recommander ce dernier ouvrage qui nous a été ici fort utile, et qui est, suivant nous, le plus beau livre que l'on ait écrit sur la science et la philosophie des accords.

Nous ne terminerons pas ce paragraphe sans examiner une dernière question relative à un point tout spécial de l'usage que l'on pourrait faire du contrepoint fleuri, dans l'accompagnement du plain-chant.

On sait que, de nos jours, plusieurs éditions de livres de chant romain ont été publiées avec des perfectionnements plus ou moins réels dans la notation. Dans les unes, on voit des successions descendantes de losanges, conformément aux bonnes traditions que l'on avait oubliées en France depuis près de deux siècles; dans d'autres, on rencontre des losanges diversement employées pour former les groupes mélodiques. Exemples :

Il est certain que ces formules notationnelles ont pour but de donner au plain-chant une marche moins lourde, que s'il était exclusivement écrit en notes carrées, et il n'est pas moins certain que si l'on applique toujours à ces formules un contrepoint de note contre note, ce contrepoint contrariera le but des éditeurs.

Or, ne serait-ce pas une occasion toute naturelle de réaliser l'axiome : *Non nova, sed nove,* et de considérer ces losanges comme des éléments du contrepoint fleuri dans lequel, comme nous l'avons vu, on peut placer deux, trois ou quatre notes contre une ? Par ce moyen justifiable à tous égards, on n'attribuerait bien souvent qu'un accord à plusieurs notes de la mélopée liturgique, et l'on contribuerait ainsi à laisser intact le rhythme que certains éditeurs ont voulu lui donner.

D'après ces considérations, nous ne verrions pas grand mal, loin de là, si l'on mettait en œuvre les contrepoints suivants :

Il nous semble que l'accompagnement du plain-chant ne peut que gagner à cette innovation pratique fondée sur les plus sévères prescriptions de l'art ancien. Nous croyons qu'on nous pardonnera de mettre en œuvre, dans la suite de cet ouvrage, un procédé qui donne de l'élégance et une marche plus douce au contrepoint liturgique.

Procédés de Tantenstein, 8, rue Neuve des Boirées.

LIVRE DEUXIÈME.

NOTIONS PRÉLIMINAIRES.

Avant de donner des exemples de l'application des règles qui viennent d'être décrites au livre premier, nous répéterons quelques détails que nous avons insérés dans notre ouvrage *L'accompagnement du Plain-Chant sur l'orgue, enseigné en quelques lignes de musique et sans le secours d'aucune notion d'harmonie.*

« Nous n'admettons que *huit modes grégoriens....* Indépendamment de ces huit modes, « nous en admettons encore un qui est d'un fréquent usage dans les anciens livres de « chant romain : c'est le deuxième en A, c'est-à-dire, finissant en *la* au lieu de finir « en *ré,* comme le deuxième mode ordinaire.

« Quant au nombre des modalités, pas la moindre difficulté si l'on se sert des édi- « tions de Digne, de Rennes, de Lyon et du P. Lambillotte. Les Livres de Dijon, de « Malines et de Reims peuvent seuls causer quelque embarras.

« 1° *Édition de Dijon.* — Elle offre un quatrième mode en A qui se lira avec clef de « *sol* sur la troisième ligne, au lieu de la clef de *fa* qui s'y trouve.

« 2° *Édition de Malines.* — Les indications des modes sont en latin et en chiffres « romains. Quand il y a deux chiffres, c'est le premier qu'il faut suivre, si, dans l'in- « dication modale, on remarque le mot *antiquitus;* c'est au contraire le chiffre le moins « fort, quand on lira le mot *mixtus.* Le dixième mode n'est que le *deuxième* en A, « dont nous donnerons les règles d'accompagnement. Le treizième mode se déchiffrera « comme un cinquième, en supposant que la clef de *fa* représente un *si bémol* posé « une tierce mineure au-dessus d'une clef de *sol.* — Enfin, la lecture du quatorzième « mode sera facile, si l'on substitue une clef de *fa* à celle d'*ut;* c'est alors un sixième « mode ordinaire.

« 3° *Édition de Reims.* — Le neuvième mode deviendra un premier mode ordinaire, « en lui donnant une clef d'*ut* sur la quatrième ligne et en bémolisant les *si.* Le « dixième se lira comme il est écrit; c'est notre deuxième mode en A. Le douzième « sera un quatrième mode, en supposant une clef d'*ut* sur la quatrième ligne. Le « treizième deviendra un cinquième mode, au moyen d'une clef de *sol* sur la première « ligne de la portée; et le quatorzième n'est qu'un sixième mode, si l'on met une clef « de *fa* à la place de la clef d'*ut* (pp. 16-17). »

La transposition des modes du plain-chant, pour les adapter à la voix des chantres, est, sans contredit, l'une des parties les plus difficiles de l'art de l'accompagnateur. Comme cette transposition varie d'église à église, nous n'avons pas à nous en préoccuper ici. Nous noterons en conséquence nos exemples comme ils sont écrits dans les échelles naturelles des différents modes.

Quant aux exemples eux-mêmes que nous allons donner, les lecteurs voudront bien s'en rendre compte en les comparant aux règles générales qui se trouvent dans notre premier livre, et que l'on est censé connaître parfaitement.

§ 1.(1)

PREMIER MODE.

(Edit. de Digne 1858, in-12, p. 112*)

N°. 1. Kyrie des Dimanches dans l'année, avec le chant à la partie supérieure.

(1) *NOTA. Dans ce paragraphe et les suivants, tous les exemples de contrepoint sont de l'auteur de cet ouvrage, à moins d'indication contraire. Pour nous conformer à notre programme, nous avons puisé ces exemples dans les différentes éditions de livres de Plain-Chant Romain en usage aujourd'hui dans les diocèses de la France.*

N°5. Commencements de quelques antiennes du premier mode, (chant à la partie supérieure et à la partie grave.)

N°6. Contrepoints de note contre note, à deux parties, appartenant au premier mode et empruntés aux Institutions harmoniques de Zarlino (1)

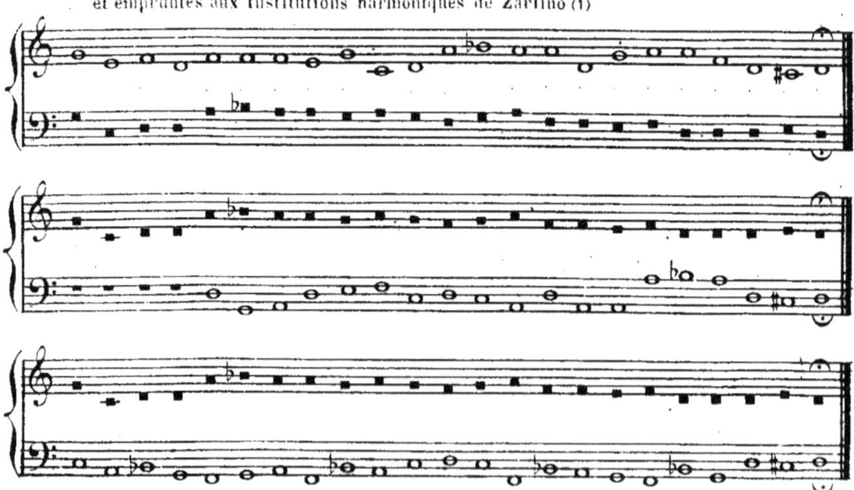

(1) *Troisième partie, chapitre 40.*

N°. 7. Contrepoint fleuri à deux parties, appartenant au premier mode et emprunté aux INSTITUTIONS HARMONIQUES de Zarlino(1).

N°. 8. Psalmodie du premier Mode, (chant à la partie supérieure.)

(1) *Troisième partie, chapitre 51.*

(2) *Dans ce paragraphe et les suivants, nous ne mentionnerons que les intonations Solennelles; quant aux intonations Simples, on sait qu'elles commencent à la dominante des tons psalmodiques, ce que nous marquerons toujours par une X.*

N°9. Autre manière d'accompagner la psalmodie du premier mode, avec le chant à la partie supérieure.

INTONATIONS DIVERSES.

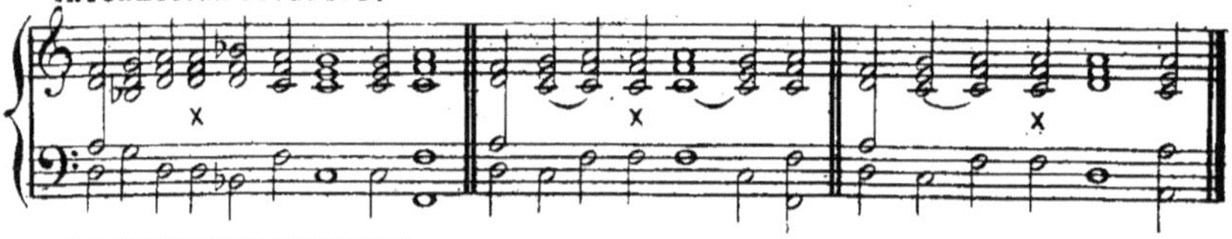

X X X

TERMINAISONS DIVERSES.

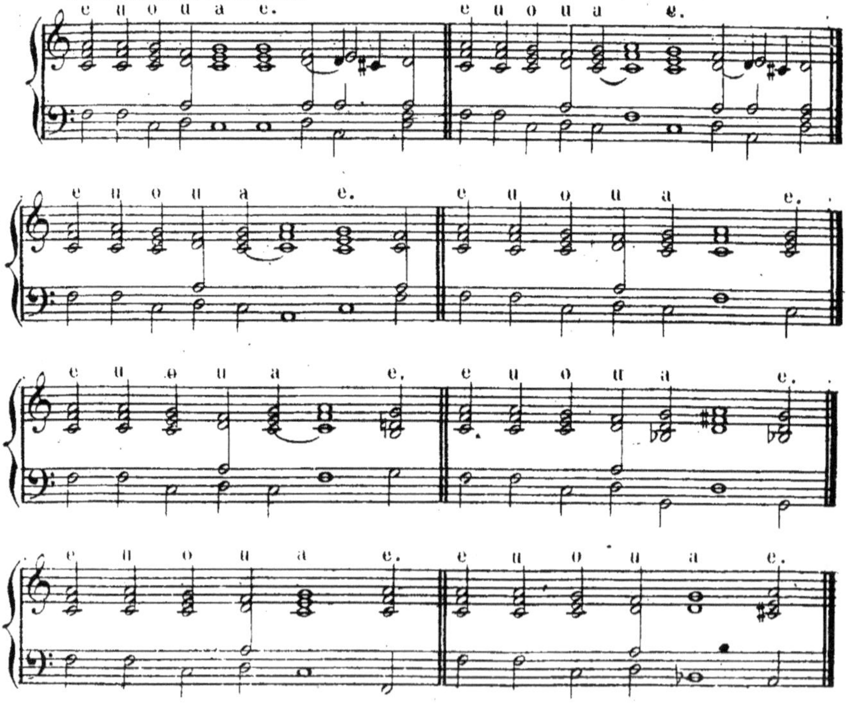

e u o u a e. e u o u a e.

e u o u a e. e u o u a e.

e u o u a e. e u o u a e.

e u o u a e. e u o u a e.

N°.10. Psalmodie du premier mode,
(chant à la basse.)

(1) *Sauf l'étendue de ses mélodies, le deuxième Mode ne diffère en rien du premier sous le rapport du contrepoint qui lui est applicable.*

(1)
ad do_cen_dum nos vi_am pru_den_ti_æ,
(1)

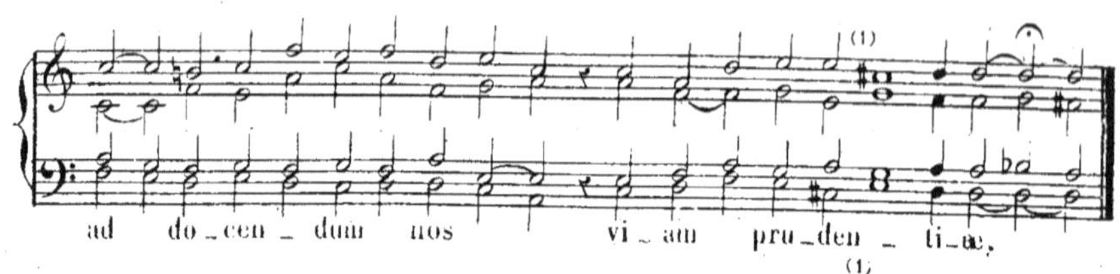

N°. 2. Quelques strophes du **DIES IRÆ**, chant à la partie supérieure)
(Edition de Reims et de Cambrai, 1851, in 12, pp. 93_96.)

Nous ne donnerons que les Strophes **DIES IRÆ**, **TUBA MIRUM** et **LIBER SCRIPTUS**, en faisant observer que la strophe **TUBA MIRUM** appartient au premier mode. On aura ainsi et du même coup un exemple du deuxieme mode et du premier mode mixtes.

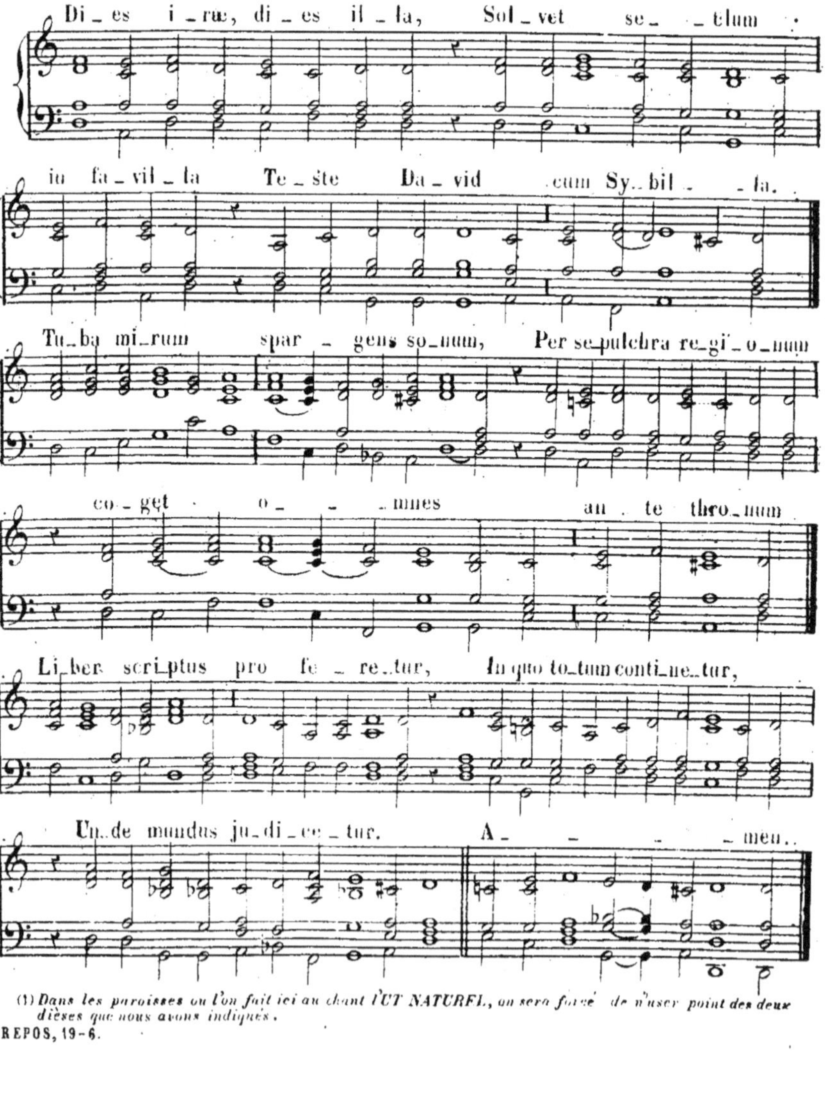
Di_es i_ræ, di_es il_la, Sol_vet se_ _clum
in fa_vil_la Te_ste Da_vid cum Sy_bil_ _la.
Tu_ba mi_rum spar_ gens so_num, Per se_pulchra re_gi_o_num
co_get o_ _ _mnes an te thro_num
Li_ber scri_ptus pro fe_re_tur, In quo to_tum conti_ne_tur,
Un_de mundus ju_di_ce_tur. A_ _ _ _men.

(1) *Dans les paroisses où l'on fait ici au chant l'UT NATUREL, on sera forcé de n'user point des deux dièses que nous avons indiqués.*

N°. 3. Tons psalmodiques du deuxième mode.

§ III. TROISIÈME MODE.

(Edition de Digne, 1858, in-12, p.116*)

N° 1. Fragment du **Kyrie** des Fêtes simples et des Féries dans l'année, avec le chant à la partie supérieure.

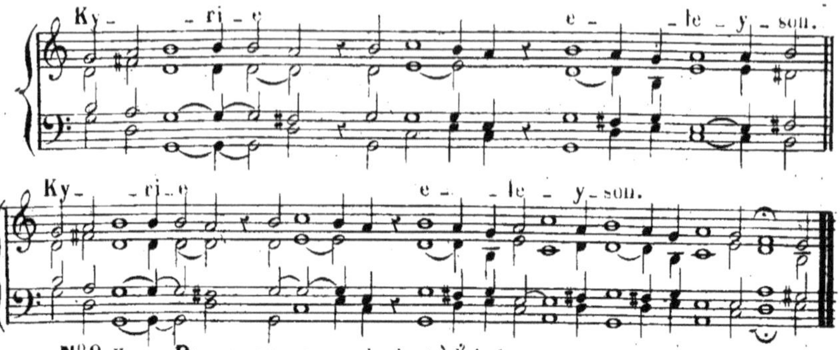
Ky_ _ri_e e_ _le_y_son.
Ky_ _ri_e e_ _le_y_son.

N° 2. Hymne **Pange lingua**, avec le chant à l'aigu. (Edit. de Dijon, 1850, in-12, p.277)

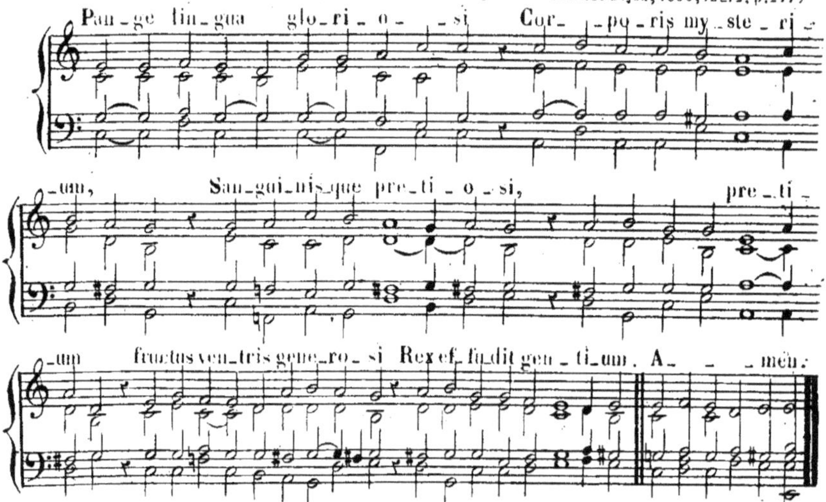
Pan_ge lin_gua glo_ri_o_ _si Cor_ _po_ris my_ste_ri_
_um, San_gui_nis_que pre_ti_o_si, pre_ti_
_um fructus ven_tris gene_ro_si Rex ef_fu_dit gen_ti_um. A_ _ _men.

N° 3. Antienne **Hic est discipulus**, chant à la basse.

(Edition de Malines, 1854, in-8°, p.93)

Hic est discipulus meus: sic e_um volo mane_ _re, do_nec ve_ni_am.

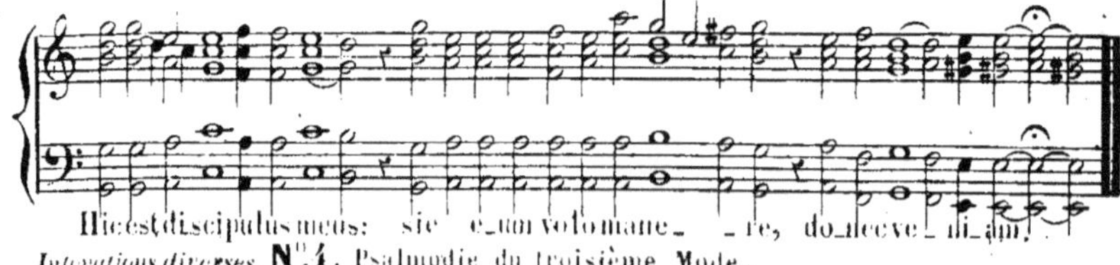

Intonations diverses. **N° 4.** Psalmodie du troisième Mode.

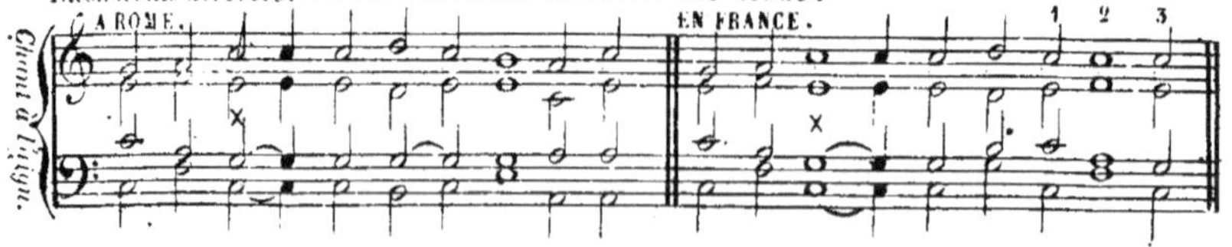
Chant à l'aigu.
A ROME.
EN FRANCE.
1 2 3

224 IV. QUATRIÈME MODE.

(Edition de Malines, p. CXXXVII.)

N° 1. Antienne SPECIOSA FACTA ES, chant à la partie supérieure.

(1) On fera ou l'on ne fera pas le Sol dièse, suivant l'usage des paroisses..

N°. 2. Même Antienne d'après la nouvelle édition de Digne, chant placé à la basse.

CINQUIÈME MODE (Edit. de Lyon PÉTRAT 1815 in f° p. CXIV

N°. 1. Agnus Dei des Dimanches de l'Avent et du Carême, chant à la partie supérieure.

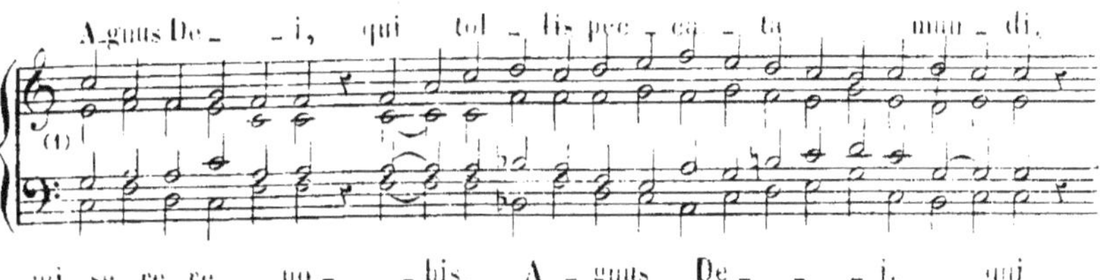

N°. 2. Antienne **Qui pacem**, chant à la basse.

(Edition d'Avignon, abrégé de l'Antiphonaire, 1777, in-12, p. 312.)

N°3 Tons psalmodiques du cinquième Mode.

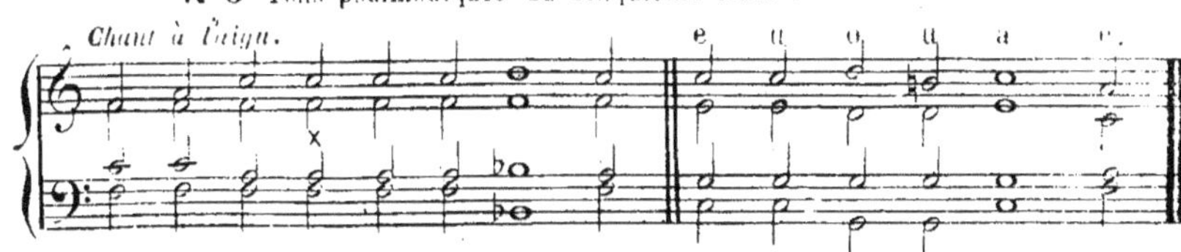

(1) *Dans l'édition de Pétrat, chaque mot est suivi d'une petite barre dans la portée musicale; nous avons dû n'indiquer ici aucune des barres qui n'ont qu'une valeur étrangère au chant.*

226.

SIXIÈME MODE.

N°. 1. Introït **OS JUSTI**, Chant à la partie supérieure.

(Edit. du Père Lambillotte.)

N°. 2. Fragment de l'**AGNUS DEI** des Fêtes du Rit double, Chant à la partie haute.

(Edit. de Digne, 1858, in-12, p. 111.*)

A_ _ _ _ _gnus De_ _i, qui

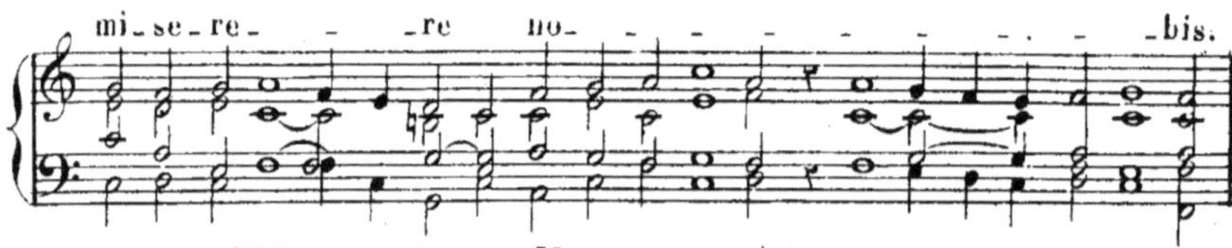

N°. 3. Prose **STABAT MATER**, Chant à l'aigu.

(Edit. diverses.)

Stabat Mater do_lo_ro_sa Jux_ta crucem lacrymo_sa, Dum pendebat Fi_li_us.

N° 4. Idem, Chant au grave.

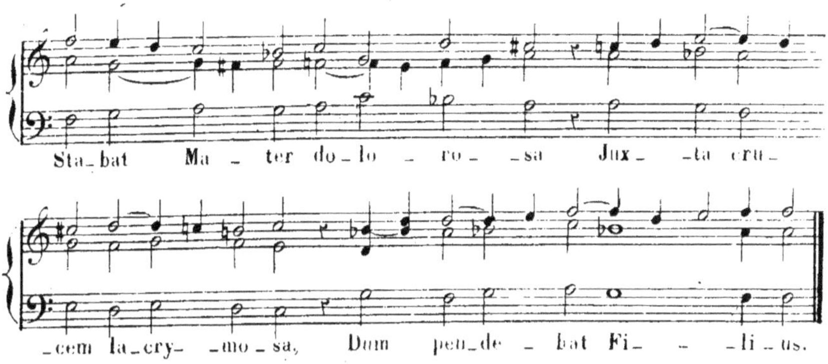
Sta_bat Ma _ ter do_lo _ ro_ _sa Jux_ _ta cru_
_cem la_cry_ _mo_sa, Dum pen_de _ bat Fi_ _ _li_us.

N° 5. Psalmodie du sixième Mode, Chant à la partie supérieure.

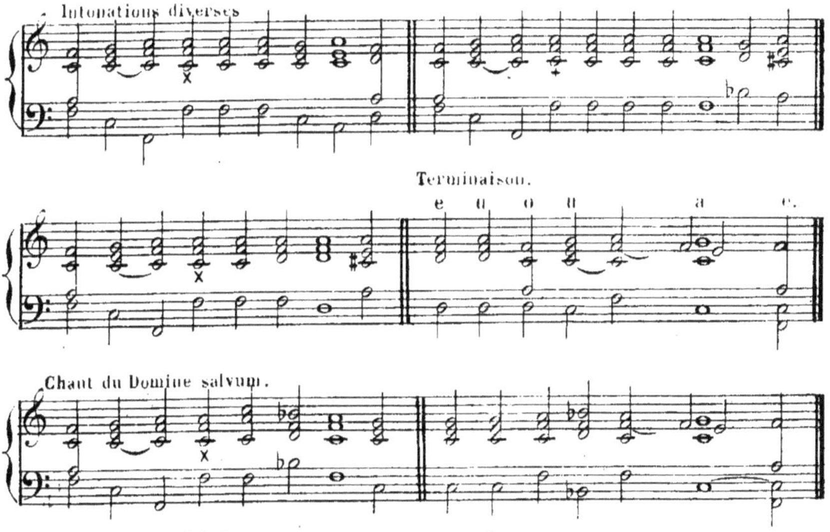
Intonations diverses
Terminaison.
e u o u a e.
Chant du Domine salvum.

N° 6. Idem, Chant à la partie inférieure.

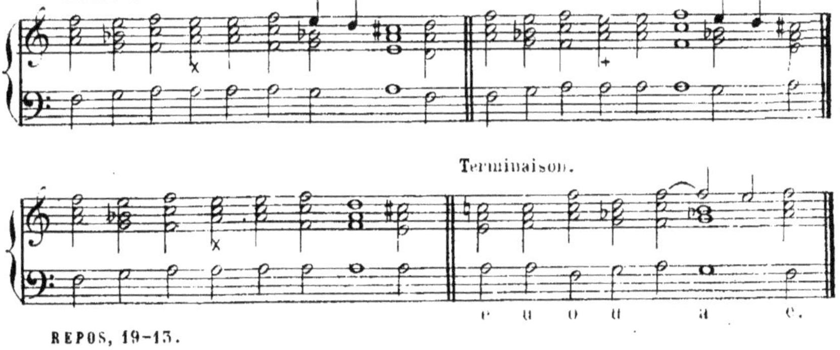
Intonations diverses.
Terminaison.
e u o u a e.

REPOS, 19-13.

Chant du Domine Salvum.

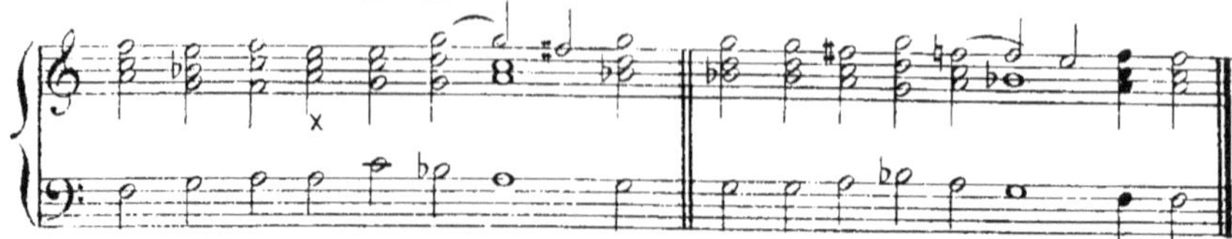

§ 7. SEPTIÈME MODE.

N.° 1. Antienne ECCE SACERDOS, Chant à la partie haute.
(Edit. de Rennes, 1853, tom 2, p. 48 in-12)

N° 2

Même Chant placé à la Basse.

HUITIÈME MODE.

Fragment du **Sanctus** des Fêtes de 1re et 2e Classe.
Chant à la partie supérieure. (**Edit. de Digne, 1858, in-12, p. 108 ***)

San_ _ _ _ _ _ _ _ _ctus, San_ _ _ _ctus,

San_ _ _ _ _ _ _ctus, Do_mi_nus De_us Sa_ _ _ _baoth.

Pleni sunt cœli et terra glo_ri_a tu_a, Ho_ _sanna
in ex_ _ _cel_ _ _ _ _ _ _sis.
N° 2. Antienne JAM HIEMS, Chant à la partie inférieure.
(Edit. de Dijon, 1850, in-12, p. L)
Jam hiems trans_i_it, im_ber ab_i_it et re_
_ces_sit: sur_ge a_mi_ca me_a, et ve_ _ni.
N° 3. Psalmodie du Huitième Mode.
Chant.
e u o u a e.
e u o u a e. Ma_gni_ _fi_cat.
Chant.
e u o u a e. e u o u a Ma_gni_ _fi_cat.
REPOS, 19-16
FIN.

LISTE DES SOUSCRIPTEURS

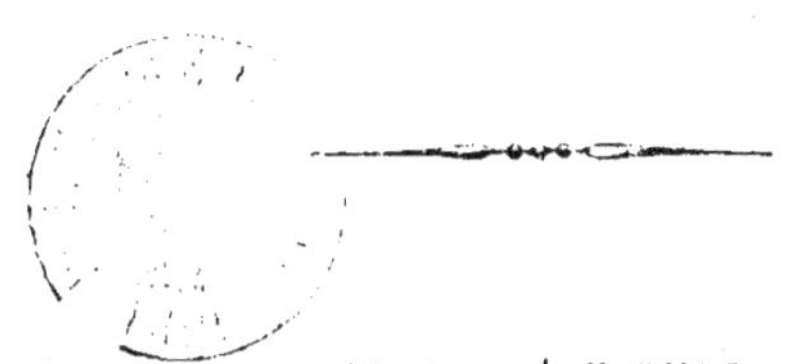

Conformément à notre promesse, nous publions les noms des personnes qui ont bien voulu encourager, par leur souscription à un ou à plusieurs exemplaires de cet ouvrage, un travail dont le but leur a paru digne de sympathie.

Monseigneur **DELCUSY**, évêque de Viviers.

Monseigneur **DU PONT DES LOGES**, évêque de Metz.

Feu Monseigneur **HIRABOUR**, évêque d'Aire, décédé en juin 1859, martyr de son zèle pieux, et pleuré de tous ses diocésains qui ont perdu en lui un saint, un père, un apôtre.

Monseigneur **MEIRIEU**, évêque de Digne. — On doit à Sa Grandeur des livres de Chant Romain, dont la dernière édition (1858-1859) est ce qu'il y a, sans contredit, de meilleur en fait de chant liturgique.

M. Léon DALMIÈRES, compositeur et organiste de la grande église de Saint-Étienne (Loire). Outre son ouvrage relatif à l'accompagnement du plain-chant, dont nous avons parlé dans la préface de cet opuscule, M. Dalmières a publié : 1° un Recueil de cantiques et de motets, qui termine sa dixieme année ; 2° *Hymne à Marie ;* 3° *Les Chants chrétiens du village ;* 4° *Album des pensionnats.* L'auteur doit être compté au nombre des artistes qui se dévouent sans réserve, en France, à la cause de la musique sacrée.

M. l'abbé Félix AUBERT, organiste de la cathédrale de Digne, et auteur d'une *Méthode élémentaire de Plain-Chant, accompagnée de quinze grands tableaux* (Digne, 1855) : excellent ouvrage écrit avec élégance et des principes sûrs. M. l'abbé Aubert est l'un des rédacteurs de la nouvelle édition de Chant Romain de Digne.

M. l'abbé Jean-Joseph-Maxime FERAUD, curé des Sièyes (Basses-Alpes), membre de plusieurs Sociétés savantes, correspondant du Ministère de l'Instruction publique pour les travaux historiques, et auteur des ouvrages suivants : 1° *Géographie historique et bibliographique des Basses-Alpes*, 1 vol. in-8, Digne, 1844 ; 2° *Histoire civile, politique, religieuse et biographique de Manosque.* 1 vol. in-8, Digne, 1848 ; 3° *Documents historiques sur la ville, les monuments et le diocèse de Riez* (insérés dans les *Annales des Basses-Alpes*, années 1838, 1839, 1840 et 1841) ; 4° *Notice historique sur le village, la montagne et la grotte de Saint-Vincent de Mélan* (ibid., année 1843) ; 5° *Hist. de Notre-Dame de Romigier* (insérée dans le *Rosier de Marie*, (année 1857, nos 99 et 100) ; 6° *Hist. du Sanctuaire de Notre-Dame de Lure* (ibid., année 1858, nos 182-105) ; etc., etc.

M. Nicolas AGNUS, professeur, rue de Laborde, 9, à Paris.

M. l'abbé ***, directeur de la maîtrise de la cathédrale de L...

M. Romary GROSJEAN, compositeur et organiste à Saint-Dié (Vosges). On doit à cet artiste distingué : 1° *Album d'un organiste catholique*, 2 vol. in-4° obl. ; 2° *Recueil de trois-cents versets pour l'orgue seul*, 1 vol. in-4 obl. M. Grosjean met sous presse, en ce moment, un *Recueil complet de Noëls Lorrains*, qui sera vivement accueilli comme le mérite toute publication de ce genre, et comme le mérite aussi un auteur qui a déjà rendu d'importants services à l'art religieux.

M. l'abbé DUNEUFGERMAIN, curé de Framerville, par Chaulnes (Somme).

M. l'abbé DEGLENDEL, curé de Crochte, par Bergues (Nord).

M. l'abbé G. DELMAS, vicaire à Saint-Constans, par Maurs (Cantal).

M. l'abbé Eugène ANDRÉ, vicaire à Mantilly, par Passais (Orne).

M. l'abbé Ch. GADENNE, curé de Raches, près Douai (Nord).

M. l'abbé PAPÉ, prêtre à Valence (Drôme).

M. l'abbé FACHE, curé de Baincthun, pres Boulogne-sur-Mer (Pas-de-Calais).

M. Aimé-Léonard BARTHOLOMEUS, organiste à Armentières (Nord).

M. Jules-Célestin LEFÈVRE, instituteur à Oissy, par Molliens-Vidame (Somme).

M. FOULQUIER, directeur de l'Ecole normale de Mende (Lozère).

M. Norbert NORMAND, directeur de l'enseignement communal à Valenciennes (Nord), rue des Chartreux, n° 1 ; membre de la Société Linnéenne de Bordeaux, de la Société impériale d'Agriculture, Sciences et Arts de Valenciennes, de la Société du Musée de Douai et de la Société du Musée de Dunkerque. M. Moquin-Tandon, dans sa *Bibliographie malacologique*, (3e fascicule de son *Histoire naturelle des Mollusques terrestres et fluviatiles de France*, Paris, 1855), indique les ouvrages suivants de M. Normand : 1° *Catalogue des Mollusques terrestres et fluviatiles du département du Nord*, 1843 ; *Supplément*, 1845 (Manuscrits cités par M. l'abbé Dupuy, à Auch) ; 2° *Notice sur plusieurs espèces de Cyclades*, etc., Valenciennes, 1844, in-8 ; 3° *Description de six Limaces nouvelles observées aux environs de Valenciennes*, Valenciennes, 1852, in-8 ; 4° *Coup d'œil sur les Mollusques de la famille des Cyclades, observées jusqu'à ce jour dans le département du Nord*, Valenciennes, 1854, in-8.

M. Victor VALLÉE, accordeur de pianos, rue de la Santé, 4, aux Batignolles (Paris).

M. PERSONNE, juge d'instruction, à Digne (Basses-Alpes).

M. Alexandre de GAUDEMARD, suppléant du juge de paix, à Digne (Basses-Alpes).

M. Emile ALLIBERT, à Marseille (Bouches-du-Rhône).

M. Henri HUGUES, magistrat, à Alger.

M. l'abbé Jean-Baptiste VILLAIN, chef d'une excellente institution, à Paris, rue du Rocher, 49.

M. l'abbé D. WATEL, curé de Licourt, canton de Nesle (Somme).

M. l'abbé TIXADOR, curé de Campoume, canton de Prades (Pyrénées-Orientales).

M. Honoré MALLARD, élève du petit séminaire de Versailles (Seine-et-Oise).

M. l'abbé DUBOIS, curé de Saint-Chartier, près la Châtre (Indre).

M. l'abbé MARAIGNON, curé de Taybose, canton de Montfort (Gers).

M. le premier Chantre de l'église des Essarts (Vendée

M. l'abbé CLÉMENT, curé doyen de Riez (Basses-Alpes).

M. l'abbé AUBERT, curé de Prads (Basses-Alpes).

M. l'abbé GRAVIER, vicaire à Sisteron (Basses-Alpes).

M. l'abbé G. BOUISSON, curé de Penne, canton de Vaour, par Cordes (Tarn).

M. l'abbé Ed. HUOT, prêtre à Fouvent-le-Haut, par Champlitte (Haute-Saône).

M. l'abbé W. MOREAU, professeur de poésie et organiste au petit séminaire de Montmorillon (Vienne). Nous citerons principalement ici M. l'abbé Moreau pour son beau recueil de cantiques à la Sainte Vierge, intitulé : *Les Échos de la Sainte Montagne*, (Montmorillon, chez l'auteur, gr. in-8°. 3e éd., *franco :* 6 fr. 50). M. l'abbé Moreau est tout à la fois poète et musicien compositeur. Il est poète, comme Castil-Blaze voulait qu'on le fût, quand on écrit pour la musique : les paroles, alors, ne doivent être composées que *pour être vues*, qu'on nous permette l'expression, *derrière le voile de l'harmonie*. Tout doit y être franc, limpide, bien accentué et palpitant de rhythme. Il faut, en un mot, que la poésie s'impose d'immenses contraintes, sans quoi elle fournit à la lyre des paroles qui, seules, peuvent avoir des charmes littéraires, mais qui, réunies, asservies brutalement au chant, n'offrent que de continuelles et regrettables antinomies. C'est le défaut commun. L'abbé Moreau a su l'éviter avec un bonheur exceptionnel, et, ce qui imprime à son œuvre musicale une élégante variété, l'Auteur a semblé se jouer avec toutes les difficultés du rhythme et de la mesure : Témoin *la Bannière, le Serment, son Nom, les Montagnes, les Fleurs, les Adieux*, écrits, du reste, avec la grâce, la verve et l'entrain de petits poèmes. *les Adieux*. — La musique des cantiques a toujours été et sera toujours l'écueil des artistes. En l'abordant, on tombe d'ordinaire dans la platitude ou dans une afféterie toute prétintaillée de sensualisme mondain. *Les Échos de la Sainte Montagne*, au contraire, sont gracieux sans langueur et charmants sans trivialité; et quoique l'auteur ait l'inconvénient d'écrire ses accompagnements pour l'*orgue* ou le *piano*, il a réussi, croyons-nous, à se faire un style mixte qui s'adapte assez bien au genre de ces deux organes. Si l'auteur n'a pas résolu complétement le probleme, il a singulièrement amoindri la difficulté de le résoudre. Nous terminerons cependant par une critique dont nous prions l'abbé Moreau de tenir compte. Pourquoi cet excellent auteur n'a-t-il pas semé, dans son recueil, plus de ces larges et magistrales mélodies qui sont le cachet du talent supérieur? Nous aurions voulu beaucoup de morceaux comme *la Prière, le Calvaire*, etc., qui montrent que le genre grave et sérieux n'a point de secrets inconnus pour l'organiste de Montmorillon. Sans doute l'abbé Moreau a travaillé pour le peuple : tel devait être son but; mais le peuple a besoin, plus que jamais, de s'initier aux conceptions larges et sévères, et puisque l'auteur en est fort capable, puisqu'il les aime, il doit combler au plus tôt ce que nous regardons comparativement comme une lacune dans son œuvre. — On doit encore à l'abbé Moreau : *la Voix des Fleurs*, (quinze romances avec accompagnement de piano pour les pensionnats); une charmante collection de *Chœurs amusants*, de la plus piquante originalité, composés pour égayer les fêtes du Petit Séminaire; et, sous presse, la *Lyre Angélique*, recueil de motets en l'honneur du Saint-Sacrement et de la Sainte Vierge.

M. l'abbé SAURIN, curé de Saint-Honorat (Clumanc), par Barrême (Basses-Alpes).

M. l'abbé CHAUSSIER, vicaire-général du diocèse de Metz, supérieur du petit séminaire de Montigny-lez-Metz, et auteur de plusieurs ouvrages dont nous connaissons les suivants : 1° *Le plain-chant selon le rite romain et le rite parisien*, 1 vol. in-12 de 492 pp. et un tableau, troisième édition, Metz, 1851, chez l'éditeur Rousseau-Pallez; 2° *Eléments de calcul arithmetique*, deuxième édition, 1 vol. in-12, chez le même; 3° *Dissertation sur l'origine apostolique de l'église de Metz*, travail plein d'érudition inséré dans le tome XCVe, pp. 673-698, du Cours de Patrologie de l'abbé Migne. — Le traité de plain-chant, de M. Chaussier, est un des bons ouvrages qui existent sur la matière.

M. ROUSSEAU-PALLEZ, imprimeur-libraire de l'Evêché, à Metz, libraire de l'Académie impériale de la même ville, éditeur de la liturgie du diocèse, de la Statistique générale, de la Carte et de l'Annuaire de la Moselle, etc.

M. l'abbé ROUX, vicaire général et supérieur du grand séminaire de Viviers (Ardèche).

M. Aimé VAGHER, libraire à Viviers (Ardèche).

M. Auguste REYSTAN, propriétaire à Digne (Basses-Alpes).

M. FELIX, comptable à Digne (Basses-Alpes).

M. l'Abbé Jules JULIEN, de Sauve, au collége Stanislas de Nîmes (Gard).

M. GARNIER, accordeur de pianos et d'orgues, à Langres (Haute-Saône).

M. l'abbé LACHAISE, vicaire à Besse (Puy-de-Dôme).

M. Benjamin JACQUART, clerc laïque, porte de Gommeries à Bavai (Nord).

M. LAIR, propriétaire, chez M. Jourdain, avocat, à Tracy-sur-Mer, par Ryes (Calvados).

M. l'abbé DEVILLIERS, curé doyen de Chaulnes (Somme).

M. l'abbé Amedée FERRAFIATE, vicaire au Grand-Serre (Drôme).

M. l'abbé Etienne-Paul CHARBONNIER, organiste de la métropole d'Aix (Bouches-du-Rhône). L'abbé Charbonnier a publié, dans le temps, des *Principes de Musique*, adoptés en Provence par toutes les maisons d'éducation. On lui doit aussi un grand nombre de compositions religieuses que sa modestie s'obstine à laisser en manuscrit.

M. MAZILLÉ D'ORVILLE, sous-chef à l'Administration des Domaines, rue des Ecuries d'Artois, 6, à Paris.

M. CUENIS, directeur des Frères de Marie, à Saint-Dié (Vosges).

Madame Sœur VICTOIRE, directrice des Sœurs de la Providence, à Saint-Dié (Vosges).

M. Joseph VICHARD, organiste à Breuhimont, commune de Saint-Michel, près Saint-Dié (Vosges).

Mademoiselle Jenny ALAUX, chez M. son père, inspecteur des écoles primaires, à Vitré (Ille-et-Vilaine).

M. SANTÈS, artiste musicien, à Digne (Basses-Alpes).

M. l'abbé VANDEMAEL, précepteur chez M. le Prince de CROY, au chateau du Rœulx (Hainaut, Belgique).

M. l'abbé de CUTTOLI, chanoine et secrétaire particulier de son Eminence Mgr. MORLOT, cardinal-archevêque de Paris, et maitre des cérémonies de la chapelle de Sa Majesté Napoléon III.

M. l'abbé PUJOL, chanoine et secrétaire particulier de feu Mgr Hirabour, à Aire (Landes).

M. l'abbé L. APPERT, curé de Chatel-Raould, près Vitry-le-François (Marne).

M. GIROD, successeur de Launer, boulevard Montmartre, 16, à Paris. M. Girod est l'un de nos meilleurs éditeurs de musique.

M. Georges KASTNER, rue Boursault, 16, à Paris. Nous sommes vraiment heureux de cette nouvelle occasion qui nous est offerte de rendre hommage à M. Kastner, littérateur musicien d'un mérite vraiment supérieur. On peut voir, dans la livraison d'octobre 1856, bulletin n° 10, pp. 155-58 de notre *Revue de Musique ancienne et moderne*, la liste des ouvrages du docte écrivain. Outre ses méthodes pour le violoncelle, les timbales, le violon, le saxophone, le hautbois, l'ophicléide, la flûte, le flageolet, le cornet à pistons, la clarinette, le piano, etc., M. Kastner a publié beaucoup de morceaux de musique vocale et instrumentale. On lui doit des encyclopédies qui, sous le titre de *Danses des Morts*, de *Harpe d'Eole*, etc., offrent une immense érudition musicale. — Nous recommandons surtout à nos lecteurs sa ***Théorie abrégée du contrepoint et de la fugue***, Paris, chez Chabal, boulevard des Italiens, 10. Cet ouvrage devrait être dans la bibliothèque de tous nos abonnés. M. Kastner est membre de l'Institut impérial de France, etc.

M. l'abbé DELUBAC, vicaire à Mayras, canton de Thueys (Ardèche).

M. le vicaire de la SOUCHE, canton de Thueys (Ardèche).

M. TELMON, ancien instituteur, à Digne (B.-Alpes).

M. Emile PALADILHE, chez M. Alcide Paladilhe, son père, docteur en médecine, rue du Vieux-Chemin, 14, à Montmartre (Paris). Nous avons connu Emile, à Montpellier, en janvier 1851. Il avait alors six ans et demi. Frappé du génie musical de cet enfant, nous lui avons prédit une brillante carrière artistique. Les faits ont déjà justifié nos espérances. Nommé pensionnaire de la ville de Montpellier en 1852, et entré au Conservatoire impérial de musique de Paris en octobre 1853, où il a été l'élève de M. Halévy pour la composition, et de M. Marmontel pour le piano, il y a obtenu le deuxième prix de piano, et le deuxième prix de fugue en 1856. Le premier prix de piano lui était décerné l'année suivante (1857). En 1859, Emile a été admis au concours pour le grand prix de Rome, et a mérité une mention honorable. On a de lui : 1° *Premier hommage d'un jeune artiste à Marie*, cantique à deux voix égales (1855); 2° une rêverie pour piano, intitulée : *Primevère d'Automne* (Paris, 1855, chez l'éditeur Legouix); 3° *Rayon Matinal, Sous les Saules, Chanson de nuit du Gondolier*, pour piano (Paris, 1858, chez Heugel); 4° un opéra-comique en un acte inédit, dont plusieurs fragments ont été vivement applaudis dans un concert, donné à la salle Herz, par le jeune compositeur virtuose.

M. René-Jean-POTTIER, licencié ès-lettres, place du Palais-Bourbon, 6, à Paris. On lui doit : 1° une excellente traduction française de la *Defense des sept Sacrements, publiée contre Martin Luther, par Henri VIII*, avec le texte latin en regard, Angers, 1850, 1 fort vol. in-8; 2° *Simples réflexions au sujet d'un mémoire ayant pour titre : l'Instituteur de Saint-Martin*, Angers, 1853, in-12; 3° Un magnifique *Album de Chant*, contenant douze morceaux (duos, trios et chœurs), avec accompagnement de piano, Paris, chez l'éditeur Henry Lemoine, rue Saint-Honoré, 256. Plusieurs journaux ont appelé l'attention des artistes sur cet écrin rempli de diamants scintillants et purs. (Voir, entre autres, l'article de M. Sylvain Saint-

Étienne dans l'*Union* du 2 juillet 1858.) On remarque dans l'*Album* de M. Pottier les morceaux intitulés : *la Jeune Fille*, *le Ruisseau*, *Souvenir*, *Rayon de Printemps*, *Tendresse maternelle*, où la grâce française s'associe d'une manière heureuse à l'idéalisme allemand ; *Yvon et Paris*, d'une facture large et magistrale ; *l'Angelus*, charmante et fraîche composition ; *la Minerve*, bijou d'un travail exquis ; *Hélène et Colette*, dédié à l'illustre Rossini, et qui a le défaut capital d'être beaucoup trop étendu. — On doit aussi à M. Pottier plusieurs bons articles sur la musique espagnole au XVIe siècle, qui ont paru dans notre *Revue de Musique ancienne et moderne*, en 1856.

M. LEFEBVRE-DAUSSY, organiste de la paroisse Saint-Jacques, rue des Capucins, 32, à Amiens (Somme).

M. l'Abbé F.-V. DUBY, curé de Noisy-le-Sec (Seine).

M. l'Abbé HECQUEVILLE, curé de Sainte-Marie, aux Batignolles (Paris).

M. l'Abbé GUICHENÉ, curé de Saint-Médard (Landes), et inventeur de *l'orgue-symphonista*, au moyen duquel on accompagne le plain-chant en en jouant la simple mélodie ; cet instrument à clavier polyharmonique a obtenu la médaille de première classe à l'exposition universelle de 1855. On doit encore à cet infatigable inventeur : 1° un système de *sonnerie à détente électrique*. Grâce à cette découverte, un simple fil électrique fixé au haut d'un clocher et mis en communication avec la première pendule venue, à quelque distance qu'elle soit, fait tinter les heures avec une régularité parfaite ; 2° des *Boîtes à chapelet*, transformant le frottement en roulement, et applicables aux transmissions de mouvements mécaniques, aux machines de toute espèce, voitures, wagons, etc. — L'abbé Guichené a publié, chez Repos, à Paris, des *Tableaux* pour la formation et la succession des accords applicables à l'accompagnement du plain-chant. — Nous professons pour l'excellent curé de Saint-Médard une estime toute particulière.

M. J.-M.-JOUAN, de Saint-Donan, instituteur communal et organiste accompagnateur, à Caro, près Ploërmel (Morbihan). Indépendamment de son précieux opuscule dont il a été parlé dans notre préface, M. Jouan a publié : 1° un *petit recueil de mélodies religieuses* ; 2° une *petite méthode synthétique et mnémonique de plain-chant romain* ; 3° un *petit office paroissial de l'enfance* ; 4° *Les vrais principes du jeu et du doigté de l'orgue enseignés d'après les grands maîtres*. M. Jouan mérite d'être puissamment encouragé par toutes les personnes qui savent apprécier le dévouement à l'étude de l'art sérieux.

M. l'abbé Thomas CONCABELLA, organiste amateur au grand séminaire de Montpellier (Hérault).

M. Antonio GINESTA, compositeur, organiste et professeur de musique de l'École normale et de plusieurs communautés religieuses, à Montpellier (Hérault). Il est l'auteur d'une *Méthode théorique et pratique de Musique vocale* (1 vol. in-folio, chez l'auteur, rue du Saint-Sacrement, 2), qui est l'une des plus heureuses applications que l'on ait faites du système d'enseignement de Pestalozzi.

M. l'abbé FABRE, vicaire à Berrias, canton de Vans (Ardèche).

M. Francesco BRUNI, facteur d'orgues expressifs, rue des Tournelles, 15, à Paris. M. Bruni est l'un de nos meilleurs facteurs. Ses instruments sont à la portée des ressources financières de toutes les paroisses et de toutes les communautés religieuses. Homme d'une loyauté proverbiale, il s'est fait depuis longtemps une immense clientèle dans le clergé. On connaît son *Harmonista*, petit appareil cylindrique qui s'adapte extérieurement au clavier de n'importe quel orgue, et permet aux plus ignorants d'exécuter toute espèce d'accompagnement de plain-chant et de morceaux de musique. Nous avons eu l'occasion de toucher un orgue expressif de treize jeux avec deux claviers manuels et un pédalier, construit par lui sur un nouveau plan (septembre 1859), et nous pouvons affirmer qu'il est impossible de rien concevoir de plus grandiose, de plus pur et de plus majestueux : grâce à M. Bruni, l'anche libre peut désormais faire concurrence au tuyau le plus doux et le plus puissant...

M. MISSLER, instituteur organiste à Achen, par Rorbach (Moselle).

M. Louis MULLER, organiste de la cathédrale de Châlons-sur-Marne (Marne).

M. F. BAUDET, facteur d'harmoniums de tout genre ; maison de confiance, rue Neuve-Popincourt, 11 (*bis*), à Paris. Voir ce qui a été dit à la page 18 de cet ouvrage.

M. DARGEIN, organiste de la métropole d'Auch (Gers).

Le R. P. JÉROME, supérieur de la maison Sainte-Croix, à Aix (Bouches-du-Rhône).

Le frère MARIUS, directeur de l'école communale des Frères de la Doctrine chrétienne, rue du Rocher, à Paris.

M. BOUDIER, instituteur à Beautheil, par Coulommiers (Seine-et-Marne).

M. BRUMARE, professeur d'histoire au petit séminaire de Rouen, au Mont-aux-Malades (Seine-Inférieure).

M. Aristide FARRENC, rue Taitbout, 10, à Paris. M. Farrenc a publié beaucoup d'articles dans la *France musicale*. C'est un bibliophile et un critique fort distingué. Il a fourni à notre *Revue de Musique ancienne et moderne* un travail d'une grande érudition, sous le titre de : *les livres rares et leur destinée*.

M. D.-L. LEFÈVRE, instituteur, rue Basse, 29, à Pontoise (Seine-et-Oise).

M. l'abbé CORDIER, curé de Haqueville (Eure), et inventeur d'un nouveau *clavier harmonique* qui a obtenu la médaille d'argent, en 1858, à l'exposition d'Alençon.

—

NOTA. — La liste de souscription à notre ouvrage a été ouverte pendant les vacances scolaires de l'année 1858 ; elle a été close un mois après, c'est-à-dire vers la fin d'octobre. Malgré cette circonstance défavorable, les personnes que nous venons de citer, ont souscrit entre elles à TROIS CENTS EXEMPLAIRES de notre *Accompagnement du plain-chant sur l'orgue !* Un pareil succès répond de l'avenir qui est réservé à la présente publication.

De regrettables circonstances nous ont empêché de faire paraître ce volume à l'époque que nous avions promise ; nous avons éprouvé le plus vif déplaisir de ce retard ; mais nous rendrons cette justice à nos souscripteurs, qu'un seul d'entre eux nous en a témoigné son mécontentement. Pour les autres, notre dévouement artistique a été au-dessus de tout soupçon de leur part, et nous leur en devons une affectueuse gratitude.

Les renseignements que nous donnons plus haut sur les travaux de quelques-uns de nos souscripteurs, sont et doivent être fort incomplets : chacun s'étant contenté de nous envoyer son nom et son adresse, il nous a fallu faire des recherches pour rassembler ici, tant bien que mal, les titres de leurs ouvrages ou de leurs inventions.

Imprimé par Charles Noblet, rue Soufflot, 18.

www.ingramcontent.com/pod-product-compliance
Lightning Source LLC
LaVergne TN
LVHW020043170826
845678LV00001B/399